COMMERCE
INTERNATIONAL

*Contribution du commerce
extérieur à la croissance
économique chinoise*

TABLE DES MATIERES

GLOSSAIRE

Avantages absolus : La théorie des avantages absolus est à l'origine des analyses libérales des échanges internationaux. Selon cette théorie, un pays doit se spécialiser dans la (ou les) production(s) pour laquelle (lesquelles) il est le plus efficace (en nombre d'heures de travail). La théorie des avantages absolus d'Adam SMITH montre que chaque pays a alors intérêt à participer à l'échange international.

Avantages comparatifs : La théorie des avantages comparatifs de David RICARDO répond aux critiques adressées à la théorie des avantages absolus. Lorsque, dans l'échange international entre deux (ou plusieurs) pays, l'un des pays ne dispose d'aucun avantage absolu, il a néanmoins intérêt à échanger à condition qu'il se spécialise dans le (ou les) produit(s) pour lequel (lesquels) son désavantage est le plus faible. L'autre se spécialise alors dans la production pour laquelle son avantage est le plus grand.

RICARDO montre que tous les pays gagnent ainsi à l'échange, mais le rapport d'échange international n'est pas strictement déterminé.

Balance commerciale est une partie de la balance des paiements, elle est un document qui retrace pour un pays, les entrées (importations) et les sorties (exportations) de biens, on y ajoute le négoce international, c'est à dire les revenus tirés des opérations de vente et d'achat de marchandises réalisées par des firmes résidentes hors du territoire national.

Balance des paiements est un document comptable qui recense les opérations économiques qu'un pays entretient avec le reste du monde pendant une période donnée le plus souvent une année civile.

CEE ou Communauté économique européen : créée en 1957 par le Traité de Rome, la CEE poursuit l'œuvre de construction européenne à travers une coopération économique (l'abolition progressive des barrières douanières) entre les pays membres et la mise en place de tarifs douaniers communs avec l'extérieur

Commerce international est domaine d'activité lié à l'achat, à la vente ou à l'échange des produits entre pays appartenant à des zones monétaires différentes.

Croissance économique : augmentation de la production totale d'une nation au cours d'une période donnée. Elle est en généralement mesuré par le taux de croissance annuel du PNB réel

DIT ou division internationale du travail : se définit comme l'extension de la division du travail appliqué au commerce international. Elle désigne la spécialisation des pays dans la production d'un bien précis. Cette spécialisation est déterminée suivant la théorie des dotations factorielles.

Economie d'échelle : est l'accroissement de l'efficience d'une entreprise grâce à la baisse du coût unitaire des produits obtenue en augmentant la quantité de la production. Pour une entreprise, le phénomène d'économie d'échelle est donc caractérisé par une baisse de la courbe de coût moyen à long terme. Le résultat (ou solde de la balance commerciale) présente la situation commerciale extérieure en terme de déficit ou d'excédent.

NTIC ou nouvelles technologies de l'information et de la communication : la NTIC est un ensemble de technologies utilisées pour traiter, modifier et échanger de l'information, plus spécifiquement des données numérisées. L'avènement principal des TIC est sans contexte le réseau Internet qui ouvre notamment la voie à la société de l'information, à la macro organisme humain et au commerce électronique.

OCDE ou Organisation de coopération et de développement économiques : elle regroupe 34 démocraties de l'Europe, de l'Amérique du Nord et de l'Amérique Latine ainsi que du Pacifique. L'organisation s'occupe d'un large éventail de questions stratégiques internationales et nationales. Elle analyse de grands thèmes comme la cohésion sociale, la gouvernance, le développement durable, la fiscalité internationale, la sécurité des transports, la biotechnologie et la mesure de l'aide au développement.

INTRODUCTION GENERALE

La Chine a commencé à s'ouvrir aux échanges avec l'extérieur en 1979 (Lemoine ; 2004). Depuis, cette politique d'ouverture s'est affirmée et amplifiée et a abouti à l'entrée de la Chine à l'organisation mondiale du commerce (OMC) en décembre 2001. La progression des échanges extérieurs chinois a été rapide dès les années quatre-vingt, et s'est accélérée dans la décennie suivante. Ainsi, la Chine est devenue un acteur majeur de la globalisation.

En effet, la taille de la Chine, son taux de croissance soutenu et les perspectives d'évolution de la demande intérieure en font désormais un des acteurs essentiels dans l'économie mondiale et sans doute l'un des rares pays en développement à avoir réussi un processus de rattrapage.

Les aspects les plus remarquables des changements de l'économie chinoise est son ouverture internationale ainsi que son taux de croissance caractérisé par un accroissement exponentiel. La Chine fonctionnait pratiquement en autarcie avant 1979. Par cette ouverture, elle est devenue en 2003 le troisième exportateur mondial, derrière les États-Unis et l'Allemagne, et devant le Japon et la France. Elle est le cinquième importateur mondial (Lemoine ; 2004). Ces exportations ont été tirées dans les années 1980 par le textile et dans les années 1990 par les articles électriques et électroniques (Lemoine et Ünal-Kesenci ; 2002).

Il apparaît donc que cette croissance soutenue que la Chine connait actuellement est liée à son ouverture commerciale (Richet ; 2012). La question qui se pose est donc de savoir : « Comment l'ouverture commerciale contribue-t-elle à la croissance de long terme chinoise ? »

L'intérêt de cette question est double. Elle permet d'abord de démontrer que les étapes de développement de Rostow (1961) ne restent qu'une théorie et ne sont point des passages obligatoires où toutes nations doivent franchir pour se développer. Ensuite, elle remet en question l'idée selon laquelle l'ouverture n'est pas bénéfique pour les pays pauvres en raison de la dégradation des termes de l'échange et la structure de l'échange. En effet, la Chine était jadis un pays relativement pauvre. En 1955, son revenu par habitant ne représentait que 11 pour cent de celui des États–Unis, 13 pour cent de celui du Japon, 20 pour cent de celui de Taïwan et 22 pour cent de celui de la Corée (Maddison ; 1998).

Ce mémoire est le fruit d'une revue de littérature et d'une étude empirique. La revue de littérature est mobilisée autour de trois volets : les théories du commerce international (avantage comparatif de (Ricardo ; 1817), la concurrence monopolistique (Krugman ; 1980), la demande représentative (Linder ; 1961)......), les théories de la croissance (croissance déséquilibré (Harrrod ; 1948), le capital humain (Mincer ; 1970).....) et les liens entre le commerce et la croissance. Compte à l'étude empirique, elle gravite essentiellement autour des liens entre le commerce et la croissance de long terme ainsi qu'à l'étude du commerce chinois. Les documents qui ont contribué à la recherche sont les suivants :

La revue de littérature est principalement issue :

- du site www.repec.org qui est un site internet destiné à permettre une plus large diffusion de la recherche en économie en constituant une base de données de papiers de recherche, d'articles et de programmes ;

- du site www.jstor.org qui est un système d'archivage des publications universitaires et scientifiques.

- des livres (Les nouvelles théories économique, l'économie de la concurrence imparfaite….) qui ont contribués à l'enseignement universitaire.

La revue de littérature permet d'illustrer les différentes théories du commerce et de la croissance afin de dégager des liens probables. La théorie de la croissance endogène stipule que la croissance est stimulée par l'accumulation des différentes formes de capital (capital physique, capital humain, capital technologique, capital public). Or, le commerce influence positivement ces formes de capital. Grossman et Helpman (1991) stipulent que l'ouverture permet l'accumulation du capital physique. L'ouverture accélère l'accumulation du capital humain (Barre ; 1965). Le commerce, source de surprofit, stimule les innovations donc le capital technologique (Romer ; 1990). Par les investissements étranger, l'ouverture permet de stimuler le capital public par l'augmentation des recettes de l'Etat (Barro ; 1991). Les pays font donc des échanges pour avoir des avantages mais non le contraire. Dans cette optique, les nouvelles théories du commerce international offrent plus de perspechve pour notre recherche.

L'étude empirique est basée sur :

• des documents qui sont publiés par le gouvernement chinois et le gouvernement

Québécois (document venant de la statistique douanière de la république de Chine (SDRC), document venant du ministère des finances et de l'économie du Québec(MFEQ)). Ce sont des données concernant la structure du commerce chinois et l'évolution de son produit intérieur brute (PIB);

•   des études spécifiques effectuées par différents économistes sur l'économie chinoise (La chine puissance technologique émergente écrit par Sachwald F., Participation de la chine à la nouvelle division internationale du travail : défis et perspectives écrit par Laforêt E. et Boissin O.);

•   des rapports de l'organisation de coopération et de développement économique (OCDE) sur le commerce chinois et le lien entre commerce et croissance ;

•   des rapports du programme des nations unies pour le développement (PNUD) sur les liens entre le commerce et la croissance.

L'étude empirique quant à elle justifie la véracité de l'hypothèse selon laquelle le commerce influence positivement la croissance.

Ce mémoire est composé de deux chapitres.

Le premier chapitre porte sur les déterminants du commerce international. Pour mieux expliquer le mécanisme du commerce international, il est nécessaire de se focaliser sur les raisons qui poussent une nation à commercer. Ces raisons peuvent être macro-économiques. Les pays échangent entre eux à cause des avantages (de coût, de facteur de production) issus des caractéristiques (taille du pays, situation géographique…) propres à chacun d'eux. Ces raisons peuvent aussi être micro-économiques. Les décisions prises et les comportements adoptés par les agents économiques sont sources de commerce. Pour la Chine, l'ouverture commerciale est une initiative gouvernementale. Cette ouverture explique sa croissance actuelle.

Ainsi, le second chapitre aborde l'influence du commerce extérieure sur la croissance économique de long terme de la Chine. La théorie de la croissance endogène explique cette croissance chinoise. Selon cette théorie, la croissance est stimulée par l'accumulation du capital physique, du capital humain, du capital technologique et du capital public. A son tour, le commerce stimule ces différentes formes de capital. Il sera mis en relief dans ce chapitre que l'existence des investissements étranger contribue à l'accumulation du capital humain et technologique, facteur même de croissance de long terme, de la Chine.

CHAPITRE I. LES DETERMINANTS DU COMMERCE INTERNATIONAL

Introduction du chapitre premier

Les débats autour des échanges et politique monétaire internationale occupent une place majeure et sont les idées de base de l'analyse économique moderne. Ils émergent autour du 18 au 19 è siècle.

Par l'économie internationale et les flux internationaux de monnaie, il y a une relation étroite des économies des différents pays. La matière d'économie internationale en particulier traite les problèmes qui peuvent résulter de cette relation entre ces Etats souverains.

La relation dont il est question ici concerne exclusivement le commerce. Qu'est ce qui détermine commerce ? La réponse à cette question suit des théories.

Généralement, les théories du commerce international se subdivisent en deux : les théories traditionnelles et les nouvelles théories. L'objet de ce présent chapitre est d'exposer ces différentes théories.

Ce chapitre se subdivise en deux sections.

La première section est une revue théorique du commerce international allant de la théorie des avantages absolus à la théorie gravitationnelle. Le commerce est déterminé par les avantages que possèdent chaque pays (coûts, facteur de production), la taille du marché (économie d'échelle, concurrence monopolistique..), situation géographique (taille du pays, distance avec les autres pays…).

La deuxième section parle de l'historique et évolution récente du commerce international. Les analyses plus contemporaines du commerce international sont des extensions des analyses anciennes qui sont devenues obsolète et incapable d'expliquer la structure actuelle du commerce. Cette section parle du poids de l'histoire dans le commerce, des effets d'agglomérations, de l'innovation, des différentiations des produits ainsi que des interdépendances stratégiques.

Section 1. Une revue théorique du commerce international: de la théorie des avantages absolus à la théorie gravitationnelle

Toutes les analyses du commerce international sont basées sur la théorie classique fondée par Smith (1776) et Ricardo (1817). Ils ont insisté sur l'importance du développement à l'économie international.

I.1.1 Théorie de l'avantage absolu d'A. SMITH

Les pays font des échanges entre eux parce qu'il est impossible de produire tous les biens et services. Plus précisément, les pays sont tous différents en termes de capacité productive. L'échange peut aussi être généré par l'envie de faire une économie d'échelle, ce qui sera analysé plu tard.

Selon Smith, celui qui détermine cette différence c'est l'avantage absolu. Un pays a un avantage absolu quand il est plus productif par rapport aux autres pays, c'est-à-dire a un coût de production le plus bas. Ainsi, il a intérêt à se spécialiser aux biens auxquels il a une productivité élevé. Les autres pays, ayant des coûts nettement plus élevés, vont se spécialiser dans la production des biens où ils ont un avantage absolu.

S'il y a une spécialisation réciproque, il va y avoir forcement une échange. Bref, la théorie de l'avantage absolu stipule que chaque pays a intérêt à produire et à exporter les biens pour lesquels il a un avantage absolu.

Smith cherche à défendre l'idée du libre échange, c'est-à-dire sans intervention de l'Etat. Il montre à la fin du 18è siècle que c'est la loi du marché, la « main invisible » , qui assure l'équilibre interne des marchés dans les différentes branches de production. Pour cet auteur, l'égalité entre la valeur du produit et la quantité de travail commandé se réalise automatiquement sans intervention de l'Etat. Ainsi, la valeur d'un bien correspond à la valeur de travail incorporé à ce bien.

Le pays, en se spécialisant dans la production d'un bien, approfondit la division du travail et ainsi la liberté des échanges va accroitre le bien-être des pays. Cette division du travail va s'internationaliser et va donc devenir la division international du travail (DIT). Le passage de la division nationale du travail à la division internationale du travail représente une forme de la manifestation du « main invisible ».

Pour bien mieux appréhender la théorie de l'avantage absolu, il est préférable de l'illustrer à l'aide d'un exemple. Deux pays, Etats-Unis et France, produisent du blé et du tissu. Le tableau ci-dessous montre la production hebdomadaire d'un ouvrier dans les deux pays.

Les Etats-Unis ont un avantage absolu dans la production de blé car un ouvrier américain peut produire 6 sacs par semaine. En France 2 sacs par semaine. Cependant, la France a un avantage absolu dans la production de tissu. Donc les Etats-Unis ont intérêt à se spécialiser dans la production de blé, et la France dans la production de Tissu.

Si la spécialisation se réalise dans les deux pays, il va y avoir une augmentation de la production de blé aux Etats-Unis et avec une qualité plus améliorée. Le blé devient un des produits le plus important dans l'économie des Etats-Unis. Il en est de même pour la France avec le tissu.

En ce spécialisant et en s'échangeant, la production totale des deux pays en blé et en tissu va augmenter. Pour les Etats-Unis, la consommation en tissu peut s'accroitre et pareil pour la France vis avis du blé. En gardant leur niveau de consommation initiale pour les deux biens, il va y avoir un surplus.

Ce surplus est indicateur de croissance dans le sens où il y a effectivement une augmentation de production. Il indique aussi un accroissement du bien être dans le sens où les ouvriers peuvent travailler moins, c'est donc un temps de loisir.

Dans le cas où seul la France à l'avantage absolu des deux biens, il ne peut y avoir échange entre les deux pays, ce que Ricardo (1817) a critiqué. En effet, cet auteur souligne que l'échange est toujours possible même en situation de désavantage absolu.

Les pays font des échanges selon leur avantage comparatif.

I.1.2. Ricardo : Avantage comparatif (1817)

L'avantage comparatif de Ricardo (1817) peut être appréhendé comme un prolongement de l'avantage absolu de Smith (1776). Les deux diffèrent dans le sens où, pour la première, même si un pays est en désavantage absolu il peut tirer des gains à l'échange. En effet, le pays peut tirer des gains dans la spécialisation des biens où son désavantage est le plus faible. Le calcul de ce désavantage se fait par le coût d'opportunité (CO). Ce coût se définit comme le prix de ce à quoi on renonce. Par exemple le CO de tissu en termes de vin est la quantité de vin qui aurait pu être produite avec les ressources pour produire un tissu. Le CO résulte des différences de technique de production (qualité des machines ou habilité des ouvriers).

Par ce théorème du coût comparatif, Ricardo montre que chaque nation trouve avantage à se spécialiser et exporter des biens où elle dispose du plus fort avantage comparatif. Ricardo explique la pertinence de sa théorie à partir d'un exemple.

Soient deux pays, le Portugal et l'Angleterre. Au Portugal les technologies ont permis de produire annuellement par 80 hommes une unité de vin et 90 hommes pour une unité de drap.

En Angleterre ces données sont respectivement 120 pour le vin et 100 pour le drap.

Au vue de ces données, le Portugal possède un avantage absolu (Smith, 1776) et aucun échange n'est possible.

Pour Ricardo, l'échange est possible et bénéfique. En effet, après calcul du CO pour chaque bien, le Portugal a un désavantage plus faible dans la production du vin et l'Angleterre dans la production du drap.

Ainsi, même en désavantage absolu selon Ricardo, l'Angleterre a intérêt à se spécialiser dans la production du drap et à exporter.

En ne produisant que du drap, l'Angleterre a une quantité annuelle de 2,2 unités de drap et le Portugal, en ne produisant que du vin, a une quantité annuelle de 2,125 unités de vin. En s'ouvrant aux échanges, les deux pays sont gagnants.

La production de vin annuelle du Portugal étant 2,15 en conservant sa consommation durant une année (1 unité), il va pouvoir échanger l'excédent (1,125) contre du drap provenant de l'Angleterre.

Quant à l'Angleterre, sa production annuelle de drap est de 2,2 unités. Avec la même consommation annuelle (1 unité), il va pouvoir échanger l'excédent (1,2) du vin provenant du Portugal. Cependant, le Portugal ne peut exporter que 1,125 unités de vin. Ainsi, l'Angleterre est contrainte de n'exporter que 1,125 unités de drap. Au final, sa consommation annuelle pour les deux biens est respectivement de 1,075 unité de drap et 1,125 unité de vin.

Même si l'Angleterre est en situation de désavantage absolu, elle trouve toujours des gains à l'ouverture commerciale en se spécialisant là où le désavantage est plus faible.

Sa situation en autarcie est plus défavorable que s'il entre dans le monde du commerce.

Ainsi, avec une hypothèse où les deux pays après échanges décident de garder leur consommation initiale, il va y avoir des surplus de production. En effet, ils peuvent travailler moins pour avoir le même niveau de production qu'en autarcie.

I.1.3. Les différences de dotation en facteur de production

Cette théorie appelée théorie HOS a été initiée par Heckscher (1919), Ohlin (1933) et Samuelson (1949).

Généralement, cette théorie est la reformulation de la théorie Ricardienne. Sauf que dans l'ancienne théorie (avantage comparatif de Ricardo ; 1817) les marchandises ont été exprimées par leur valeur travail. La différence était en termes de CO. Dans cette nouvelle théorie, les marchandises sont exprimées par ses valeurs monétaires. Il n'y a plus de valeur travail, il est question de prix et de ressource c'est à dire dotation en facteur de production.

En effet, la dotation de chaque pays en facteur de production est différente. Plus clairement, la différence de prix relatif ou coût peut résulter de l'abondance ou de la rareté relative des facteurs de production.

En réalité, à travers les biens, les pays échangent des facteurs rares contre des facteurs abondants.

L'échange est donc fondé sur ces différences de dotation relatives de facteur de production. Dans le modèle HOS, un pays doit se spécialiser dans la fabrication et l'exportation des biens dont la production utilise, de façon intensive, le facteur qui est relativement plus abondant dans le pays. En retour, importer les biens dont la production est intensif dans les facteurs rares.

Le théorème de Rybzynski (1955) explique cet échange. Selon lui, la spécialisation dans un facteur (abondant) entraine une croissance de ce facteur. Ainsi, la production des biens intensifs dans ce facteur augmente et ceux des biens intensifs dans les autres facteurs (rares) diminuent.

Soient deux pays, Australie et Angleterre. Tous les deux ont deux facteurs de production dont la terre et la main d'œuvre. Les produits intensifs qui y découlent sont respectivement les produits agricoles et les produits industriels. Les prix des biens sont mesurés par le prix par unité pour les produits agricoles et le salaire pour les produits industriels.

On suppose qu'en Australie le facteur abondant est la terre et en Angleterre la main d'œuvre. On sait que plus le facteur est abondant plus le prix du bien diminue.

Conformément à la théorie HOS le déroulement de l'échange se présente comme suit :

- pour l'Australie : elle doit se spécialiser dans la production des biens agricoles. Ainsi, l'intensification de l'utilisation de la terre va entrainer la hausse des prix des produits agricoles. La terre devient de moins en moins abondante. Par contre, il faut importer les produits industriels dans le but de baisser la production locale. Il va y avoir baisse de la demande de main d'œuvre. Au final, la main d'œuvre devient de moins en moins rare et le salaire va baisser ;

- pour l'Angleterre : elle va se spécialiser en produit industriel. La sur-utilisation de main d'œuvre va entrainer la hausse des salaires industriels. La main d'œuvre devient de plus en plus rare. Elle a intérêt à importer les produits agricoles. La production va baisser localement. La terre devient de moins en moins rare.

La conséquence de l'échange est l'uniformatisation entre les pays. En effet, il va y avoir égalité entre les quantités des facteurs de chaque pays.

I.1.4. La taille des marchés

A partir d'ici, l'analyse se focalise sur les nouvelles théories du commerce international (NTCI). La NTCI se définit comme une approche des échanges mondiaux mettant l'accent sur deux aspects absents de la théorie traditionnelle : rendement croissant et concurrence imparfaite.

En présence de rendement croissant, l'avantage comparatif de Ricardo (1817) n'est pas un préalable à la spécialisation des pays.

En absence de différence de dotation de facteur, l'existence du rendement croissant est en soit une raison d'échanger. Dans cette situation, la taille de la production nationale compte. Les gains du part de marché à l'ouverture permettent de renforcer la différence de coût.

Plusieurs économistes ont émis des théories sur l'analyse de la contribution de la taille du marché au commerce international.

Pour Krugman (1980), les pays auraient tendances à exporter les produits des industries pour lesquels ils ont un grand marché intérieur. Par exemple le Japon a utilisé son marché intérieur comme banc d'essai pour accroitre son savoir faire dans la fabrication des télévisions, voitures, motos ou montre afin de pouvoir être en mesure d'exporter.

Avec sa théorie de la « demande représentative » Linder (1961) montre qu'une des conditions pour qu'un produit soit exportable est qu'il fasse l'objet d'une demande intérieure représentative. Néanmoins, c'est insuffisant pour entrer en échange.

Pour exporter, il faut plusieurs autres conditions :

• les coûts diminuent, ce qui implique de couvrir plus de marché pour avoir des profits ;

• seules les demandes à l'intérieur faisant l'objet de demande externe sont exportables. Même si la demande intérieure est importante, l'exportation n'est pas envisageable si le pays partenaire ne s'intéresse pas à ce bien. Ainsi, seul les pays similaires peuvent s'échanger car leur demande est similaire.

Il peut être tiré que la production dépend de la demande intérieure représentative et les exportations sont des commerces de surplus. Surplus par rapport à la consommation intérieure. Cette demande intérieure détermine la nature des produits exportés, c'est-à-dire que seuls les marchés de grandes tailles sont commerçables.

Il en découle aussi que ce sont les pays de même niveau de développement qui font des échanges car leur demande représentative sont similaires. Leur surplus exportable va se porter sur les mêmes produits. Chaque bien exportable est donc un bien importable.

La différence se porte sur la qualité et variété des produits. Par rapport à la variété, Linder s'inspire de la théorie de consommation de Lancaster (1966) et admet que les consommateurs demandent les caractéristiques que les biens proprement dit. Cependant, échanger deux biens similaires est apparemment illogique. Or, il existe des intérêts.

Par exemple soient deux pays (France et l'Allemagne) similaires échangeant un bien similaire (voiture). La France a une demande représentative intérieure importante qu'il existe des surplus. La situation est pareille en Allemagne. En s'ouvrant au commerce, les deux pays vont s'inter changer des voitures. Cette situation est loin d'être anormale. La France en important des voitures Allemandes a plus de variété de voiture. Selon Linder (1961), c'est cette variété que les consommateurs recherchent. Pour les consommateurs donc, il y a plus de variété à prix raisonnable qu'en autarcie. Les deux pays sont gagnants à l'échange.

Concernant la qualité des produits, elle est fonction du revenu par tête du pays. Les pays riches demandent des qualités élevés de produit et les pays pauvres demandent des qualités plus faibles des produits. La structure de l'échange se déroule alors comme suit.

La demande de chaque pays pour les produits s'établit dans un certain intervalle de qualité: le pays C, le plus riche, demande des produits d'une qualité moyenne élevée située entre c et f ; le pays B, en position intermédiaire, demande une qualité moyenne plus faible, située entre e et b ; le pays A, le moins riche, demande la qualité moyenne la plus faible, située entre a et d. Les pays auront un recouvrement d'autant plus grand de leur demande de qualité qu'ils disposent de revenus par tête proches. Ainsi, les échanges internationaux de produits similaires seront d'autant plus intenses que les demandes nationales pour les mêmes qualités seront fortes. Ce que décrit le graphique : les pays C et B échangeront les biens d'une qualité comprise entre c et e ; les pays B et A, ceux d'une qualité comprise entre b et d ; C et A, ceux d'une qualité comprise entre b et c. Compte tenu des écarts de richesse et du faible chevauchement de la demande représentative de C et A, leurs échanges bilatéraux seront d'une ampleur plus faible que ceux existant entre C et B et entre B et A. Comme l'indique Linder (1961) : "les champs illimité des produits différenciés rend possible un commerce florissant pour ce qui est virtuellement une même marchandise". Cependant, la structure des échanges entre pays, à l'intérieur de la gamme des exportables et des importables, n'est pas définie. Linder indique que cela peut être le résultat de quelque "hasard historique" et qu'elle risque d'être "fort volatile".

L'existence d'économie d'échelle est aussi facteur explicatif du rendement croissant des firmes. Le rendement d'échelle explique aussi le commerce international (Marshall ; 1920). La définition de l'économie d'échelle est l'augmentation de l'ensemble des facteurs de production qui entraine une hausse plus que proportionnelle de la production . Ainsi, une augmentation probable du marché. Marshall (1920) a été le premier à introduire la distinction fondamentale entre économie d'échelle interne et externe.

- économie d'échelle interne : elle se définit par l'augmentation de la taille de l'entreprise. Elle seule conduit à ces économies d'échelle par des économies dans les organisations interne ou existence des coûts fixes ;
- économie d'échelle externe : existe une économie d'échelle externe quand l'efficacité d'une firme quelconque est influencée positivement par la taille du secteur ou du pays. Ainsi, toutes les entreprises en gardant leur taille voient leur coût de production diminuer suite à une augmentation de la production globale. Le coût unitaire de production dépend donc de la taille du secteur mais non d'une firme.

Les économies d'échelle externe et les échanges

Avec l'économie d'échelle externe la taille du marché est facteur avantageux en matière de commerce. L'économie externe signifie que les firmes profitent de la taille du marché. Ainsi, plus la taille du marché est considérable, plus le coût des entreprises baisse et plus elles produisent. Plus elles produisent, plus la production globale augmente. Si de telles économies existent, elles ont pour effet de favoriser un pays (A) qui produit des volumes importants de ce bien. Il en résulte que l'entrée sur le marché d'un autre pays (B) potentiellement capable de produire à un coût unitaire plus faible va être impossible. En effet, avec l'économie d'échelle externe, la baisse du coût dans le pays A va entrainer une augmentation de la taille du marché qui va a son tour contribuer à la baisse du coût. A un moment donné, le coût unitaire de A sera égal à celui de B. La seule différence est que A possède une part de marché considérable par rapport à B. Même si B bénéficie à son tour d'économie d'échelle, il ne peut rattraper le pays A.

Il en résulte de cette analyse plusieurs conséquences :

• la taille du marché intérieur d'une nation peut, en présence d'économies d'échelle externes, être un facteur explicatif du commerce international (elle procure un avantage certain sur les autres nations) ;

• les spécialisations internationales résultants des économies d'échelle externes sont stables, même si les avantages comparatifs se modifient (un nouveau pays, accédant à la technologie, capable potentiellement de produire à un coût unitaire plus faible en raison de l'infériorité des coûts salariaux ne pourra pas rentrer sur le marché);

• des « accidents historiques », à l'origine d'une production donnée dans un pays spécifique, peuvent se révéler décisifs dans la création des flux commerciaux internationaux. La date d'entrée dans la production des firmes d'un pays devient un facteur essentiel pour expliquer la spécialisation internationale : les premiers pays entrés bénéficient d'un avantage qui ne peut être rattrapé par d'autres concurrents ;

• les économies d'échelle constituent donc une barrière à l'entrée d'un secteur. En économie internationale, c'est un argument en faveur de la protection des industries naissantes.

Les économies d'échelle interne et les échanges

Lorsqu'il existe des économies d'échelle interne aux firmes, les marchés deviennent oligopolistiques, voire monopolistiques. Le nombre de firme dépend, pour une fonction de demande donnée, de la fonction de coût. Si celle-ci présente des économies d'échelle interne pour l'ensemble des quantités demandées, le marché est un monopole.

Sur un marché contestable , les firmes installées fixent leur prix à un niveau égal à leur coût moyen. En effet, si le prix est établi à un niveau supérieur, l'entrée des concurrents potentiels aura lieu parce que le marché est profitable et le prix sera ramené au coût moyen.

Au final, le monopoleur qui a le coût le plus bas va approvisionner le marché mondial.

I.1.5. Taille des pays et distance

Les déterminants qui ont été présentés jusqu'ici expliquaient des schémas de spécialisation, c'est-à-dire la nature et la composition du commerce international. Cependant d'autres déterminants expliquent le commerce notamment la taille et la distance des pays.

La taille des pays

L'essentielle du commerce mondial se fait aujourd'hui autour du monde industrialisé entre des pays de même taille. Taille qui peut être appréhendée par le niveau de produit national brute (PNB) des deux pays échangistes.

Deux pays de même niveau ont des demandes semblables. Ainsi, plus la taille du marché est semblable plus le volume d'échange est élevé en présence de bien différencié.

En effet, selon Helpman et Krugman (1985), l'importance de la taille relative des pays dans la détermination du volume des échanges s'accroît au fur et à mesure que le nombre de produit différencié croît.

Linder (1961) affirme aussi que les pays de même niveau de développement ont des demandes représentatives similaires. Donc, ils échangent plus que les pays différents.

Distance des pays

Cette distance est avant tout géographique (Phan ; 1972). La distance économique signifie l'écart du PIB par habitant des coéchangistes. La distance politique fait allusion aux frontières. Cet effet frontière capte toutes les barrières aux échanges qui existent entre deux pays. Ces barrières peuvent être explicites (droit de douanes, restriction quantitative…) ou implicites (volatilité du taux de change, préférence du consommateur…).

Ainsi, même à distance comparable et taille similaire, deux pays échangent moins dès que des frontières existent (McCallum ; 1995). Head et Mayer (2000) ont démontré qu'en 1995 deux régions européennes commercent environ 14 fois plus entre elles lorsqu'elles appartiennent au même pays que dans le cas contraire. Il apparait que plus ils sont proches, plus les pays sont incités à commercer entre eux. Néanmoins, même à distance éloigné, des liens coloniaux et historiques peuvent inciter des pays à commercer (Linneman ; 1966).

Donc, la réalité des échanges commerciaux ne correspondent pas aux prescriptions des théoriciens traditionnels du commerce international. En effet, ce sont les échanges entre les pays industrialisés similaires notamment européens qui dominent désormais le monde du commerce. Ce d'autant plus que ces pays sont proches géographiquement, économiquement et culturellement. Cette réalité remet en question la pertinence des anciennes analyses du commerce international qui sont incapables à expliquer cette situation.

Ainsi, la section deux explique cette évolution actuelle du commerce international.

Section 2. Historique et évolution récente du commerce international

Les caractéristiques des pays ne sont pas les seuls facteurs explicatifs du commerce international. La décision des agents est aussi importante dans l'évolution du volume et de la composition des échanges.

Les NTCI introduisent une nouvelle vision dynamique. Elles montrent comment en présence de rendement d'échelle croissante, les politiques publiques et les comportements des firmes en termes d'innovation, de délocalisation des activités productives, de stratégie de marché et de différentiation des produits déterminent les échanges

I.2.1. Le poids de l'histoire

Les effets permanents de choc

Il existe des chocs temporaires qui peuvent avoir des effets permanents (Krugman ; 1987). Pour lui (Krugman ; 1987), l'histoire industrielle a de l'importance même à long terme pour expliquer les schémas de spécialisation. Il parle de l'exemple du Japon. Le choc au Japon est provoqué par une politique protectionniste temporaire pour protéger les industries naissantes des concurrents étrangers et permettre de se développer (les chocs à effets permanents peuvent prendre la forme de politique monétaire restrictive et politique protectionniste).

Conséquences, ils ont gagné en productivité ce qui ont engendré un avantage de coût qui a leur tour ont permis d'évincer les concurrents. Cet objectif atteint, le gouvernement passait à la production dans d'autre branche.

Cette théorie rappelle celle de l'Allemand List (1857) qui a voulu protéger les industries naissantes. Il défend le protectionnisme éducateur et explique que le protectionnisme n'est pas un état permanent mais une condition favorisant à long terme le libre échange.

Finalement, par ces chocs temporaires (due à la politique protectionniste) le pays a une nouvelle structure de production permanente capable de concurrencer les pays étrangers. Donc, sa structure de production et de spécialisation s'est modifiée durablement.

Néanmoins, Krugman (1998) lui-même émet plusieurs critiques concernant la politique protectionniste. Selon lui, les principales conclusions de la NTCI autorisent un gouvernement à intervenir dans les échanges afin d'aider les entreprises à capter une partie de la rente ou à pénétrer sur un marché. Cette action remet en cause l'arbitraire et le hasard historique.

Krugman (1998) prévient que l'argument en faveur d'une politique protectionniste doit être examiné avec une grande prudence. En effet, puisque dans certaine situation les rendements croissants et raison historique sont à l'origine de l'essor du commerce international, le gouvernement a la capacité et la liberté de modifier l'équilibre généré par la situation imparfaite du marché à leur profit. Sachant l'importance de la date d'entrée dans la production, l'incitation du pouvoir public d'aider leur entreprise est renforcée. L'Etat peut favoriser l'apparition de nouveau produit sur leur territoire grâce à des subventions destinés à favoriser les recherches et développements (R&D). Les subventions permettent à l'entreprise nationale d'obtenir un coût de production unitaire plus faible vis-à-vis des concurrents. Cette situation la procure rapidement une position monopolistique.

Dans une économie mondiale où les gains se réalisent au détriment des autres nations, les pouvoir publiques ont un rôle important. Notamment, sur la détermination des échanges et la spécialisation de leur entreprise. La base de cette politique commerciale stratégique qui prône l'intervention étatique est initiée par Brander et Spencer (1983). Néanmoins Krugman (1993, p26) réplique : « plusieurs années de recherche théoriques et empiriques ont permis de conclure clairement que l'argument stratégique, quoique ingénieux, ne devait être que d'une importance secondaire. Les travaux théoriques ont montré qu'une bonne politique stratégique dépendait fortement de détails de la structure de marché que les pouvoirs publics risquent fort de ne pas percevoir correctement, alors que les efforts entrepris pour quantifier les gains tirés de l'appropriation de la rente ne laissent entrevoir que de faibles avantages »

Krugman (1993) a ensuite énuméré les limites de cette politique commerciale stratégique en 4 points :

• la contrainte budgétaire ne permet pas à un gouvernement de soutenir l'ensemble de son industrie. Il y a aussi la question du secteur prioritaire. En effet, l'Etat ne dispose pas de toutes les informations disponibles pour mener une politique adéquate. Il ne dispose pas des outils nécessaires à la perception correcte de tous les détails de la structure du marché ;

• si son diagnostic est bon, l'Etat devra encore déterminer le niveau de subvention en fonction de l'industrie et de son budget et inclure les coûts d'information au bilan de la politique. La risque réside dans un protection inefficace soit par des subventions accordés aux intérêts de certain grand groupe de pression au détriment du bien être de la nation soit par la relance des secteurs peut compétitifs ;

• l'Etat ne peut rien contre le comportement de « free rider » notamment contre les créations d'entreprise possible grâce à l'aide ou à la protection de l'Etat. Rainelli (1997) aboutit a ce même conclusion en analysons les subventions européens en faveur de l'industrie automobile et aéronautique. En cas de rétorsion commerciale, les avantages économiques issus de la protection initiale disparaissent au moins en partie ;

• la dernière limite tend à minimiser les gains engendrés par la politique commerciale stratégique. Si au point de vue des producteurs une protection est en tous points bénéfiques il est nécessaire d'envisager les résultats d'un point de vue global. Il faut prendre en compte le coût de l'élaboration d'une telle politique et les augmentations de prix qui réduisent le surplus des consommateurs.

Bref, Krugman (1993) stipule que les enjeux sont minimes et l'application de la politique commercial stratégique ne peut être envisagée qu'au cas par cas.

Kugman (1997) démontre aussi que les mesures protectionnistes ont des coûts importants et étendus. Il ajoute que même si le protectionnisme n'est pas une calamité atroce, il ne peut être envisagé comme une politique répondant de manière adéquate au problème rencontré par les pays développé.

Enfin, Krugman (1994) stipule qu'au lieu d'appliquer une politique commerciale stratégique, le gouvernement doit chercher l'origine interne des imperfections du marché.

Ainsi, l'application de mesure protectionniste se traduit par un gaspillage de ressource tout en provoquant des distorsions domestiques peu mesurables : « la politique commerciale ne constitue qu'une solution de 3ème rang ».

Le libre échange reste donc souhaitable d'autant plus qu'il profite à tous à tous les niveaux nationale qu'internationale. Les mesures protectionnistes ne doivent être utilisées que pour stimuler les entreprises sans chercher à influencer le jeu de concurrence et de l'innovation.

Les différences dans les conditions initiales de production

Les accidents historiques deviennent des facteurs déterminant dans la spécialisation.

En effet, la présence d'économie externe tend à confirmer les structures existantes des échanges quelque soient leur origine. Ainsi, un pays qui historiquement produit un bien en masse continuera à le produire en masse même si ses concurrents peuvent produire ce même bien à moindre coût.

Krugman et Obtsfeld (1992) montrent l'exemple de l'horloge suisse. Le fait que l'industrie horlogère suisse soit historiquement la pionnière lui permet de s'y maintenir et empêche même un nouvel entrant d'y pénétrer car bien que le pays tard venu (par exemple la Thaïlande) puisse potentiellement produire à des coûts de production moindres que le pays chef de file, il n'est pas en mesure de s'emparer du marché mondial. Au début de sa production, il connaît un coût de production supérieur au prix du marché mondial établi par le coût de production du pays pionnier (la Suisse). Si le pays accepte le libre échange, il ne peut concurrencer les montres suisses et se met à les importer. Mais s'il était resté en autarcie, il produirait des montres pour satisfaire sa demande intérieure ; à un niveau de production satisfaisant sa demande intérieure, le coût de production serait inférieur au prix des montres suisses. Il serait alors en mesure de concurrencer les produits suisses et de leur ravir des parts de marché.

L'échange internationale n'améliore pas forcément le bien être de tout les pays. En effet, l'ouverture à l'échange constitue une perte pour la Thaïlande. Il aura tendance à protéger son industrie de montre de la concurrence étrangère afin de lui laisser le temps de devenir compétitive en s'appuyant sur son marché intérieur.

L'économie externe peut ainsi dans certain cas justifier la protection des industries naissantes de la concurrence étrangère du fait de l'existence d'un potentiel de compétitivité (List ; 1857).

Patrimoine technologique et activité de R&D
Le patrimoine technologique est un déterminant du commerce à long terme. Selon Groosman et Helpman (1991), quand deux pays ont une taille, demande, technologie identique, à long terme forcement la production à rendement croissant sera nécessairement concentrée dans l'un d'entre eux. En effet, l'écart technologique augmente à travers le temps et concentration de R&D. Par exemple, si deux pays ont le même stock de capital humain et des aptitudes similaires au départ, ils peuvent après ouverture conserver des activités de R&D. Notamment s'ils allouent leurs ressources de façon semblable à long terme. Ainsi, ils parviennent à un taux d'innovation identique mais cet équilibre est instable. Si l'un hérite d'une avance dans la course technologique pour des raisons historiques (patrimoines) ou si une légère perturbation pousse un pays à innover à un taux supérieur, la structure des échanges

se modifie. A long terme, l'économie mondiale va se trouver sur un sentier de croissance équilibrée correspondante à la concentration de l'activité de R&D dans ce pays. Ce pays va progressivement avoir un coût d'innovation plus bas que l'autre pays car ses chercheurs sont plus productifs.

L'autre pays ne peut rattraper son désavantage initial.

Dans le cas où les retombés technologiques sont concentrés géographiquement, les conditions initiales des pays déterminent les schémas de spécialisation à long terme. Le pays qui hérite d'un avantage technologique domine le marché en haute technologie.

A ce propos, Leonticf (1953) affirme que l'innovation, les R&D et les décalages temporels dans l'apparition des innovations et R&D entre les nations jouent un rôle dans la nouvelle conception du commerce international. Cette conception découle de l'analyse sur les Etats-Unis qui met l'accent sur les qualifications des travailleurs (Paradoxe de Leontief). Selon la théorie HOS, les Etats-Unis sont censés être dotés en capital par rapport au travail. Or, ils exportent des marchandises incorporant plus de travail que de capital. Léontief (1953) propose de raisonner sur les différences dans la qualification des travailleurs. Alors un Américain vaut plusieurs travailleurs.

Pour Posner (1961), l'écart technologique peut déterminer les échanges internationaux. Ces avantages permettent de découvrir des nouveaux processus de production voir des produits nouveaux. Le pays va détenir le monopole pour ce produit pendant un certain temps. Après, les autres apprenants à fabriquer ce bien doivent les importer. Ainsi, des échanges internationaux naissent durant la période nécessaire pour réaliser l'imitation appelé « imitation lag ». Néanmoins, l'avantage technologique d'un pays générateur d'exportation dans un secteur est essentiellement fonction de l'importance des dépenses en R&D consentie dans ce secteur. Il en découle que ces efforts d'innovation se traduisent soit par une amélioration des

procédés de fabrication, soit par l'apparition
d'un produit nouveau.

Il est à remarquer que généralement au niveau
mondiale, se sont les pays du Nord qui ont
hérité d'un patrimoine technologique.
Krugman (1979) montre que le Nord innove,
crée des produits qui ne seront produit au Sud
qu'après un certain temps. Ainsi, les nouvelles
industries doivent toujours émerger en
permanence du Nord afin de maintenir le
niveau de revenu. En effet, les industries
nouvelles disparaissent progressivement face
à la compétition des bas salaires des pays du
Sud. Ce sont les hauts salaires du Nord qui
reflètent la rente de monopole pour les
nouvelles technologies

I.2.2. Les effets d'agglomération

Krugman (1991) a élaboré un modèle pour
expliquer la formation d'une activité
internationale au Nord Est des Etats-Unis. La
formation d'une agglomération tiendrait
essentiellement à 4 facteurs : les économies
d'échelle, les coûts de transport, la taille du
marché (la demande) et la différentiation des

biens. L'existence d'agglomération est fonction de l'arbitrage entre ces 4 facteurs.

Le modèle de Krugman (1991) considère deux régions et deux secteurs (agriculture et industriel). Le secteur agricole est présent dans les deux régions. L'industrie qui s'installe dans l'une des régions devra satisfaire une partie de la demande dans l'autre et donc d'exporter et subir des coûts de transport. Ce coût est souvent plus important que le volume de la demande.

Pour éviter ces coûts, l'industrie peut chercher à implanter une firme dans l'autre région. En présence d'économie d'échelle, il est plus intéressant de produire tous dans une seule unité de production. Le choix de localisation de la firme entre les deux régions se fait par un arbitrage entre les gains des économies d'échelle et les coûts de transport.

Ainsi, les firmes se localisent là où la demande est importante mais la demande est importante là où les firmes se localisent. De même la préférence des consommateurs pour la variété attire les firmes fabriquant des biens différenciés qui à leurs tour attirent les consommateurs recherchant la variété.

Ces processus cumulatifs conduisent, selon la valeur des coûts de transport, les rendements d'échelle ou du degré de préférence pour la variété à deux types d'équilibre :

• équilibre symétrique d'équi-répartition des activités industrielles.

• équilibre centre périphérie où le secteur différencié est concentré dans une seule région.

Dans l'économie contemporaine, les 4 facteurs sont de mieux en mieux satisfaits expliquant ainsi les schémas d'agglomération qui dominent actuellement (l'électronique en Chine, industrie d'automobile en Europe,...).

I.2.3. L'innovation

Généralement ce sont les activités de R&D qui sont à l'origine de l'innovation.

Vernon (1966) élabore une explication des échanges centrée sur les caractéristiques de l'offre de produit, c'est-à-dire que les échanges s'expliquent par les innovations des pays riches. Ils créent sans cesse des nouveaux biens destinés à leur marché national.

Posner (1961) et Vernon (1966) expliquent cet échange de la manière suivante : l'innovation micro-économique des entreprises débouche sur un avantage technologique et donc une position de monopole pour le produit. Peut importe les dotations factorielles d'un pays, elle peut devenir exportateur de produit manufacturier quand ses entrepreneurs créent des procédés et/ou des produits nouveaux.

Ainsi, le premier à exploiter une innovation dispose d'un avantage. Néanmoins, cet avantage n'est que temporaire.

En effet, les firmes qui ont innové disposent d'un pouvoir de monopole sur leur marché pour maintenir leur marge de bénéfice face à la concurrence. Elles exportent vers les pays développés (PD) pour bénéficier d'économie d'échelle. Ensuite, des concurrents imitent le produit et expriment donc une demande pour ce produit. Ce procédé requiert un certain délai ou « demand lag ».

Le commerce entre les deux pays baisse au fur et à mesure que l'imitation s'accentue. L'imitation demande aussi un certain délai ou « imitation lag ». Ce délai varie selon les caractéristiques des pays. Le commerce persiste tant qu'il y a encore des demandes.

Enfin, dès que la nouvelle technologie est maitrisée, le monopole prend fin. Cependant l'échange peut se poursuivre si l'entreprise innovatrice réussit à conserver un avantage de coût du fait des économies d'échelle née de l'approvisionnement d'un vaste marché.

Il apparait que les pays les moins performants ne peuvent dépasser les pays innovateurs. L'hypothèse de « Posner-Hufbauer » Mucchielli (1987) et Johnson (1968) stipulent que le commerce basé sur l'apparition et la diffusion d'une technologie supérieur est relativement désavantageuse pour les pays technologiquement moins avancé. Les pays innovateurs ont un avantage initial que les pays suiveurs ne rattraperont jamais.

En effet, alors que les suiveurs essaient de combler leur retard par des dépenses en R&D,

les pays en avance sont également en mesure d'accroitre ses dépenses en R&D. Ils peuvent aussi découvrir de nouveau procédé de production et obtenir un nouvel avantage comparatif qui consolide son avance (Posner ; 1961).

I.2.4. Cycle de vie du produit

Les analyses néo-technologiques ont permis de renouveler la théorie des avantages comparatifs. Elles sont initiées par la théorie du cycle de vie du produit proposé par l'économiste Raymond Vernon en 1966. Selon la théorie, le commerce international s'explique par la dynamique du monopole d'innovation. Ce modèle a été développé pour répondre à l'incapacité du modèle factoriel à expliquer la structure des échanges internationaux.

La croissance de la demande locale stimule la production en grande série. Automatiquement, il va y avoir réduction des coûts moyens de production ce qui va favoriser les exportations à l'étranger. Une fois le produit banalisé, les producteurs délocalisent la fabrication pour profiter de la main d'œuvre étrangère meilleure marché. D'exportateur net, le pays devient progressivement importateur net.

Généralement, un produit innovant nécessite pour sa production les technologies qui sont les plus avancées. Or, seul certain pays ont initialement la capacité technologique de réaliser cette innovation.

Vernon (1966) identifie 4 phases dans le cycle de vie d'un produit :

• première phase, l'innovation : le produit est intensif en recherche-développement et la firme innovatrice, qui est la seule à le produire (monopole), l'introduit sur le marché. Les séries de fabrications sont limitées. Le prix est élevé. Le bien est essentiellement consommé par de riches consommateurs du pays innovateur (les Etats-Unis) ;

• deuxième phase, la croissance : La production intensive en capital se fait en grande série. Le prix de vente diminue. De nouveaux consommateurs achètent le produit, notamment dans les pays suiveurs (l'Europe et le Japon) et les ventes progressent. Des firmes imitatrices apparaissent dans le pays d'origine du monopole. Les Etats-Unis exportent le produit vers les autres pays industrialisés ;

• troisième phase, maturité : Le produit se banalise. La production devient intensive en travail non qualifié. La consommation du bien devient courante. Les firmes se livrent à une concurrence par les prix. Le pays innovateur (les Etats-Unis) importe le produit en provenance des pays industrialisés suiveurs ;

• quatrième phase, déclin : De nouveaux produits substituts apparaissent sur le marché. L'intensité en travail non qualifié s'accentue. Le marché se trouve en surcapacité. La production se déroule maintenant dans les pays en développement (PED) qui exportent ces produits vers les pays industrialisés.

I.2.5. Les différentiations des produits

Différencié signifie fabriquer des biens de qualité ou de variété différent qui sont les fruits de l'innovation. Ces différentiations sont accélérées par les mutations technologiques. Généralement, les produits banalisés sont remplacés par des gammes de produit de plus en plus diversifié et à la carte. Ces produits tendent même à être personnalisés. Ceux-ci s'appliquent aux biens qu'aux services qui relèvent des nouvelles technologies.

Chaque firme est censée considérer les prix de ses concurrents comme donnée. Elles ignorent l'impact de ses propres prix sur les autres variétés ou qualités. Ainsi, le modèle de concurrence monopolistique suppose que chaque firme, toute en faisant face à un grand nombre de concurrent, se comporte au final comme si elle était en monopole. En effet, les consommateurs perçoivent une différence significative entre les productions d'un même bien produit par les deux firmes concurrentes. Cette différentiation assure que chaque firme dispose d'un monopole sur sa variété. Par exemple, beaucoup d'entreprise produisent des Tshirts mais seule Adidas peut produire des T-shirts Adidas. Ce pouvoir protège donc partiellement chaque firme de la concurrence.

Différentiation verticale et commerce international

La différenciation se trouve sur la qualité des produits (exemple : voiture plus puissante, plus rapide, plus économe en carburant.....) (Lancaster ; 1966)

L'analyse est plutôt axée sur des approches sur les revenus. En effet, les consommateurs ont des goûts identiques mais des revenus différents. Or, pour un bien quelconque il existe un éventail de qualité distinct.

Ainsi, ceux qui ont un revenu supérieur sont disposés à acheter la qualité supérieure et les moins riches la qualité inférieure.

Il en découle que le niveau de demande d'un bien est fonction du prix et des qualités disponible de ce bien. Elle dépend aussi des biens offerts par les autres pays (rapport prix quantité). Donc, si deux pays ont une répartition de revenu différent, avec le libre échange, le nombre de bien disponible dans chaque pays augmente (Linder ; 1961).

La structure des échanges internationaux va dépendre donc des répartitions nationales des revenus. Le pays avec le revenu moyen le plus élevé se spécialise dans la production des biens hauts de gamme. Tandis que le pays avec le revenu moyen plus faible va produire des produits de qualité inférieure

Au final, à l'entrée au commerce international, il va toujours y avoir un niveau de qualité qui ne va pas être prise en charge dans l'échange (due à la différence de répartition de revenu). Pour les pays pauvres, seuls les produits de qualité acceptable dans le pays riche vont être acceptés à l'échange. Les produits de qualité inférieure vont disparaitre car:

• avec le commerce international, la quantité des biens à haute qualité vont augmenter.

Il en découle plus de variété de produit ;

• le prix de ces biens va diminuer.

Il est même question de cycle de vie de produit fondé sur la qualité (Flam et Helpman ; 1987). Avec l'introduction des nouveaux produits de haute qualité, les vieux produits de basse qualité disparaissent.

Selon Fontagné et al. (1997), les échanges de qualité sont issus des différences de qualité de la main d'œuvre et de la technologie qui constituent des déterminants de l'avantage comparatif. En effet, ces différences de main d'œuvre et technologie peuvent agir sur les prix et les coûts et modifier les coûts d'opportunité.

Différenciation horizontale et commerce international

Les produits présentent les mêmes qualités mais sont distingués de leurs caractéristiques réelles perçues. En effet, le consommateur juge deux produits différents soit pour raison subjective (un vendeur plus accueillant qu'un autre) soit pour raison objective (différence physique). Dans ces deux situations, le vendeur dispose d'un monopole relatif de son produit qui est limité par les produit substituables .Dans ce modèle, il est claire que les consommateurs ne demandent pas des biens proprement dit mais des caractéristiques qui sont présentes dans ce bien. Par exemple, ils ne demandent pas un aliment mais ces calories et les lipides. Précédemment, on a parlé de monopole. Le pouvoir de monopole peut être limité par des nouveaux concurrents sur le marché. Seulement il y a deux conditions:

• ils doivent mettre au point une nouvelle variété de ce même produit ;

• ils doivent supporter le coût fixe de la mise au point.

Il en découle un concurrence monopolistique (Chambelin ; 1933).

Chaque entreprise est donc par conséquent un monopoleur car elle est la seule firme qui produit son bien particulier. Ainsi, plus le nombre de firme augmente, plus la concurrence sera forte, plus bas sera le prix dans cette industrie.

En réalité, ces concurrents sont les firmes qui produisent les biens les plus proches de celui que l'entreprise offre.

Après l'ouverture au commerce international, un consommateur peut obtenir un produit auprès d'un fournisseur national et étranger. Pour chaque firme, il y a augmentation subite de la taille du marché. Au final, intégrer le marché dans le commerce international a les mêmes effets que la croissance d'un marché à l'intérieure d'un même pays. Ainsi, deux pays ayant les mêmes dotations factorielles, utilisant les mêmes technologies à économie d'échelle interne pour produire des biens différenciés seront conduits à échanger malgré leur parfaite similitude dans les conditions d'offre. Cet échange de différentiation résulte tout simplement de la préférence des consommateurs pour la variété.

I.2.6. Interdépendance stratégique

Lorsque la concurrence est imparfaite, le régime de commerce le plus réaliste est la concurrence monopolistique. Ce régime est particulier en ce sens que même en absence de différence de coût, d'économie d'échelle et surtout de différentiation de produit, il peut entrainer des échanges internationaux (Abd-El-Rahman et Lassudrie-duchêne ; 1999).

Soient deux pays en concurrence monopolistique. Ils sont en monopole sur leur marché domestique. Ils peuvent déterminer le prix qui peut s'écarter sensiblement des coûts. A l'ouverture, les firmes sont en interdépendance stratégique car les décisions prises par l'une auront des impacts sur l'autre. En effet, chaque monopole considère les deux marchés et choisit la quantité qui permet de maximiser le profit sur chaque marché. Ainsi, dans les deux nations, un commerce intra branche du même bien se crée (chaque monopole s'introduit sur le marché de son partenaire). Les quantités totales vendues augmentent sur chaque marché. Le commerce est par conséquent dû à l'interdépendance stratégique des deux monopoles mais non en raison des goûts des consommateurs. Au final, les gains de variété et qualité n'existent pas forcement. Mais d'une manière générale ces gains persistent car deux biens identiques peuvent avoir respectivement un minimum de spécificité l'un par rapport à l'autre.

L'exemple le plus en vogue est celle d'Airbus et Boeing

Airbus et Boeing, envisagent de construire un nouveau type d'avion. La décision de produire est motivée par la perspective d'un profit. Airbus doit prendre une décision (entrer/ ne pas entrer) en tenant compte des réactions de son concurrent. Si le consortium européen anticipe que Boeing décidera d'entrer sur le marché, il a tout intérêt à s'abstenir pour ne pas réaliser de pertes ; dans le cas contraire il produira l'avion et sera assuré de réaliser des profits. Le concurrent américain fait le même calcul. L'issue du jeu est indéterminée : deux équilibres sont possibles (en gras dans l'annexe 1)

Le commerce née de cette interdépendance stratégique est appelé « dumping réciproque ». (Brander et Krugman ; 1983).

Le dumping habituellement est la discrimination par les prix ou fixer pour un même bien un prix de vente plus faible à l'exportation que sur le marché domestique.

En effet, les monopoleurs ont un pouvoir sur les prix.

Sur son marché domestique, le monopoleur est le seul producteur d'un bien B. Il peut alors fixer un prix supérieur aux coûts de production. Mue par son instinct animal, le monopoleur veut agrandir son marché. Il s'ouvre sur le marché international. Pour s'accaparer de ce marché, il va y pratiquer un prix faible pour ce même bien B. Ce prix est inférieur au prix domestique et qui peut être aussi inférieur au coût de production (le monopoleur prend en compte les coûts de commerce). Au final, le monopoleur peut être même victime de perte mais le but c'est de détruire les entreprises locales pour pouvoir ensuite prendre le marché. La perte va être compensée par des surprofits futurs.

Cependant, le monopoleur dans le pays étranger va employer la même stratégie : c'est le dumping réciproque.

Malgré l'existence d'un coût de commerce, ce type d'échange amène à l'élimination de deux monopoles purs et à l'instauration d'une concurrence. A son tour, cette concurrence représente un gain pour l'économie qui peut compenser la perte de ressource induite par le transport.

I.2.7. L'intégration des firmes multinationales dans l'analyse

La définition la plus simple d'une entreprise multinationale est l'entreprise qui contrôle une ou plusieurs filiales à l'étranger. Les instituts de statistique considèrent, le plus souvent, qu'une entreprise est sous contrôle étranger si au moins 10% de son capital est détenu par une société étrangère. L'entreprise ainsi contrôlée est alors une filiale du groupe multinational. Donc, une forme d'investissement transfrontalier. Il est question d'investissement direct étranger (IDE).

Pourquoi une entreprise décide de contrôler une filiale à l'étranger ?

Il y a deux possibilités de réponse à cette question :

• l'entreprise veut simplement produire directement ses biens à l'étranger. La filiale peut répliquer le processus de production de la maison mère. On parle dans ce cas d'IDE horizontal

• l'entreprise veut diviser le processus de production en plusieurs segments et en confier certains à des filiales à l'étranger. Cette stratégie dépend des avantages comparatifs des pays hôtes. On parle dans ce cas d'IDE vertical.

Généralement, ce sont ces stratégies d'investissement vertical qui contribuent à la forte croissance des IDE mondiaux et expliquent aussi l'attractivité des PED. En effet, les IDE verticaux sont principalement guidés par des différences internationales de coût de production. Les firmes multinationales (FMN) peuvent fragmenter leur chaîne de valeur pour localiser différentes tâches en différent pays de façon à exploiter pleinement les avantages comparatifs de ces pays. Ainsi, les PED sont les perspectives viables surtout pour les travaux à haute intensité de main d'œuvre. Néanmoins, les activités intensives en travail qualifié vont se faire dans les PD.

Quant aux IDE horizontaux, ils se font souvent dans les PD. En effet, le but est de s'approcher de la demande. Par cet investissement alors, les entreprises peuvent réduire les coûts de transport et gagner en compétitivité sur chaque marché où elles s'installent.

Prenons l'exemple du constructeur automobile nippon Toyota. Au début des années 1980, Toyota produisait la quasi-totalité de ses voitures et camions au Japon et les exportait à travers le monde, notamment en Amérique du Nord et en Europe. Mais transporter des véhicules sur de telles distances coute cher et, dans les années 1980, les pays occidentaux protégeaient leurs marches de la concurrence étrangère par des barrières commerciales relativement élevées. Pour contourner ces contraintes et gagner en compétitivité, Toyota a multiplié les investissements à l'étranger. L'entreprise a reproduit presque a l'identique le processus de production de ses voitures dans les usines d'assemblage au Canada, aux EtatsUnis, en Grande-Bretagne, en France, en Turquie… si bien qu'en 2010 elle produit plus de la moitié de ses véhicules hors du Japon.

Comment choisir entre investir et exporter ?

En choisissant de conquérir un marché étranger, les entreprises ont le choix entre deux stratégies à savoir exporter ou produire directement sur ce marché. Exporter signifie que la production se trouve seulement là où la firme est installée. Par contre produire directement sur le marché étranger est synonyme d'IDE horizontal.

D'une part, l'exportation est liée aux coûts de transport et aux barrières commerciales. D'autre part, l'investissement permet de s'approcher des consommateurs et d'éviter les coûts du commerce. Néanmoins, cette stratégie est coûteuse à cause des coûts liés à l'implantation. L'ensemble de ces coûts sont appelés « coûts irrécupérables ».

Au final, la décision des firmes dépend de l'arbitrage proximité/avantage. Par exemple une firme décide de fournir un marché étranger. Elle a le choix entre deux stratégies notamment exportation ou investissement. Exporter l'amène à s'acquitter du coût de commerce t. Investir cependant signifie supporter le coût lié à l'installation du site de production. On va noter F ce coût fixe. Pour simplifier, on suppose que les deux pays sont parfaitement identiques, c'est-à-dire même taille et même coût marginal équivalent (il n'existe pas de d'avantage comparatif). Ainsi, le choix de la firme revient à arbitrer entre un coût variable t et un coût fixe F. Si l'entreprise compte vendre Q quantité sur le marché étranger, le coût total d'exportation est Q x t.

Il en découle que si Q x t > F   Q > F/ t, l'entreprise va choisir d'investir au lieu d'exporter.

Pour les IDE verticaux, la décision d'investir tient aussi à l'arbitrage entre coût fixe et coût variable. Cependant cette décision suit une logique différente. En effet, l'entreprise va comparer entre un coût marginal de production pour les segments de la chaîne de valeur qui va être produit à l'étranger et un coût fixe d'implantation.

L'externalisation de la production

Une autre perspective est offerte aux entreprises. Plutôt que d'investir à l'étranger et de contrôler directement une filiale, les entreprises peuvent aussi faire appel au marché. En effet, elles peuvent faire faire produire par des entreprises étrangères leur produit.

Pour les IDE horizontaux, la production peut se faire par des contrats sous licence. Ces contrats donnent le droit à une l'entreprise indépendante, contre le paiement d'une rente, à fabriquer et commercialiser les produits d'une firme. C'est, par exemple, ce dont a profité le constructeur automobile roumain Dacia pendant des années : de sa création dans les années 1960, jusqu'à son rachat par Renault en 1999, Dacia a essentiellement produit, sous sa marque, des répliques de modèles de voitures développées par Renault. Dacia pouvait ainsi bénéficier des technologies et des investissements en design de Renault. De son cote, le constructeur français récupérait une rente tirée des ventes sur le marche roumain qui était, avant la chute du rideau de fer, particulièrement difficile d'accès pour les firmes occidentales.

Néanmoins, la production sous licence implique de transmettre ses technologies à la partenaire étrangère et de divulguer ses secrets de fabrication. Ainsi, le risque est grand de perdre ses propres technologies. Cette situation explique pourquoi l'IDE horizontal est souvent préféré aux contrats sous licence.

Une alternative pour les IDE verticaux est de faire appelle à des sous traitants indépendants. Ça revient à externaliser une partie de la production. On parle d'externalisation internationale (outsourcing). Cette stratégie d'entreprise contribue à la croissance des échanges internationaux notamment des services et des communications. Dans l'industrie, les échanges des biens intermédiaires ont représenté environ 40% du commerce mondial en 2009 selon l'organisation mondiale du commerce (OMC).

Dans une relation outsourcing, le risque de transfère de technologie est moins important. En effet, seule une partie de la chaîne de valeur est concernée. De plus, les sous traitants étrangers sont plus efficaces qu'une filiale de groupe multinationale. Etant des firmes locales, elles peuvent aussi bénéficier d'économie d'échelle. Le choix entre l'outsourcing et l'IDE vertical est donc très délicat car en plus l'IDE présente aussi nombreuse avantages :

• en contrôlant totalement son fournisseur, le groupe FMN peut éviter les coûts liés à la négociation des contrats de sous-traitance ;

• même un contrat très précis et détaillé ne peut anticiper toutes les sources de conflit et proposer des solutions pour les réglés du fait des différences institutionnelles, culturelles et linguistique entre les pays.

Le choix de la forme organisationnelle correspond donc à un arbitrage coût avantage de chaque stratégie. Des analyses théoriques ont montré que le choix des entreprises dépendent des productivités de chaque firme (Antras et Helpman ; 2004). Defever et Toubal (2010), montrent que les FMN français ont plus tendances à externaliser la production des biens intermédiaire pour les plus productives. Les moins productives choisissent les IDE.

Néanmoins, les entreprises qui ont décidé d'internationaliser une partie de leur production sont en moyennes plus performantes que les autres.

Conclusion du premier chapitre

Ce premier chapitre a pour objet d'exposer les différents déterminants du commerce international à travers une revue théorique. Deux enseignements essentiels peuvent être retenus.

Premièrement, pour les théoriciens traditionnels dont Ricardo (1817) et Smith (1776) le seul motif d'échange dépend des caractéristiques de chaque pays (avantage de

coût, dotation en facteur de production…),
c'est un modèle statique.

Il en découle que seuls deux pays différents
peuvent commercer entre elles.

Deuxièmement, pour les théoriciens de la
nouvelle théorie du commerce international
mené par Krugman (1980), c'est l'existence
de l'économie d'échelle et de la concurrence
imparfaite qui déterminent les échanges
internationaux. Ces deux déterminants sont
systématiquement liés aux décisions et
comportement des agents, c'est un modèle
dynamique.

Contrairement à l'ancienne théorie, la
nouvelle stipule que les nations font du
commerce pour avoir des avantages mais non
l'opposé.

Si des pays (les PD comme les Etats-Unis, la
France ou l'Allemagne) sont actuellement
dominés par des commerce basés sur la
concurrence monopolistique (donc le modèle
dynamique) d'autres (les PED comme
Madagascar, Congo) pratiquent encore des
commerces basés sur des avantages

comparatifs (donc le modèle statique). Ainsi, le modèle de commerce semble pouvoir définir l'Etat de développement d'un pays. L'exemple de la Chine en est une preuve indéniable. En effet, le passage de la Chine de PED à un pays émergeant est dû en partie à un modèle de commerce statique devenu dynamique.

CHAPITRE 2. ANALYSE THEORIQUE ET VERIFICATION EMPIRIQUE DU LIEN ENTRE COMMERCE EXTERIEUR ET CROISSANCE ECONOMIQUE : LE CAS DE LA CHINE

Introduction du deuxième chapitre

Le commerce peut être un élément clé de la croissance. Si on prend le cas de la Chine, il apparait qu'elle est passée d'un modèle statique à un modèle dynamique du commerce international. Ce passage explique en partie sa croissance brusque.

Ce nouveau chapitre va expliquer comment le commerce extérieur a contribué à la croissance de la Chine. Ce chapitre se subdivise en deux sections.

La première section se porte sur des littératures théorique et empirique des liens entre le commerce et la croissance de long terme. La croissance de long terme est déterminée par l'accumulation de capital humain, capital physique, capital technologique et capital public. Il est question d'expliciter comment le commerce extérieur stimule l'accumulation de ces 4 formes de capital.

Dans la seconde section, le rôle des échanges extérieur dans la croissance chinoise va être mis en avant. La Chine par une politique d'ouverture sélective en1979 a attiré des IDE. Ces IDE ont pu accroitre l'exportation qui a eu un effet positif sur la production.

Par la même occasion la Chine a accumulé d'intense capital technologique par des transferts de technologie. Cependant, les transferts étaient limités car les investisseurs étrangers ne faisaient que des opérations d'assemblage des composants électroniques importés. Conscient de ce handicap, la Chine a investi massivement en R&D stimulant l'accumulation de capital technologique et capital humain.

Section 1. Les liens entre le commerce extérieur et la croissance

II.1.1. De la conception exogène à une vision endogène de la croissance

Les théories de la croissance peuvent se subdiviser en deux : la théorie traditionnelle et les nouvelles théories. La première stipule que les facteurs qui déterminent la croissance sont des facteurs exogènes. Quant à la deuxième, ces facteurs sont des facteurs endogènes.

La croissance exogène des anciennes théories

Exogène signifie que les déterminants de la croissance sont extérieurs à la sphère économique. Ce point de vue est partagé par les auteurs de la théorie traditionnelle dont Harrod (1948) et Solow (1957). Par contre, leur idée (Harrod et Solow) diverge sur la question concernant le caractère équilibré ou non de la croissance. Harrod (1948) stipule que la croissance est déséquilibrée et Solow affirme le contraire.

Le modèle déséquilibré d'Harrod (1948)

Harrod (1948) considère trois taux de croissance :

• le taux de croissance effectif : c'est le taux qui se réalise réellement.

• le taux de croissance garanti : c'est le taux de croissance qui assure un équilibre entre les épargnes et les investissements. Il y a peut de probabilité que le taux de croissance garanti s'égalise au taux de croissance effectif. En effet, il y a peut de chance que l'épargne devienne un investissement et le revenu une épargne.

• le taux de croissance naturel : c'est le taux qui assure le plein emploi. Il dépend de la croissance démographique (seule la population active est prise en compte) et le niveau de productivité (influencé par le progrès technique). Ces deux déterminants sont exogènes selon Harrod (1948). Il en résulte que le plein emploi ne peut venir que du hasard.

Pour Harrod (1948), la croissance idéale et équilibrée est la croissance qui égalise la croissance garantie et la croissance naturelle. Cependant, à cause du caractère exogène la croissance reste déséquilibrée et l'équilibre ne peut venir que du hasard.

Le modèle équilibré de Solow (1957)

Pour Solow (1957) la croissance est équilibrée à cause de la flexibilité des prix des facteurs de production qui va toujours assurer un équilibre de plein emploi. Ces prix sont le salaire pour le travail et le taux d'intérêt pour le capital.

Par exemple, une augmentation de l'offre de travail induite par un facteur démographique entraine une diminution du salaire et incite l'entreprise à embaucher plus. Salaire et travail étant flexibles, l'entreprise préfère augmenter le travail pour assurer le plein emploi au lieu d'augmenter le capital. Il en découle deux enseignements : la substitualité des facteurs et la préférence pour le travail.

Pour Harrod (1948), les facteurs sont complémentaires.

Solow (1957) insiste aussi sur le rendement décroissant du travail qui peut limiter la croissance. Néanmoins, le progrès technique permet d'y remédier. Or, ce dernier est exogène et provient des progrès scientifiques. Il souligne aussi que le progrès technique doit être pris en compte dans la théorie de la croissance.

Au final, la croissance est équilibré et exogène car ses déterminants à savoir la quantité du travail et les progrès techniques sont extérieurs à la sphère économique.

La croissance endogène des nouvelles théories

L'étude de plusieurs pays dans les années 80 a montré que la croissance n'est pas un phénomène naturel provenant uniquement de la croissance démographique et du progrès technique. En effet, certaines régions (les pays asiatiques par exemple) ont une croissance qui s'auto entretienne malgré des conditions démographiques défavorables.

Les nouvelles théories expliquent cette situation par un déterminant endogène de la croissance initié par Romer (1986) et Lucas (1988).

Contrairement à Solow (1957), les théoriciens de la nouvelle théorie de la croissance considèrent le progrès technique comme endogène. Donc, appartient à la sphère économique. En réalité, le progrès technique est une conséquence et cause de la croissance. En effet, la croissance provoque l'accumulation du progrès technique qui à son tour stimule la croissance. Ce qui explique le caractère cumulatif de la croissance.

Cette analyse du progrès technique se réfère à Schumpeter (1934) dans sa théorie sur l'innovation. Schumpeter (1934) affirme que l'innovation résulte de l'amélioration d'une innovation antérieure. L'innovation est un processus dynamique car l'innovateur est rapidement imité et est contraint d'innover de nouveau.

L'entrepreneur est à la base de cette innovation. Ce dernier, pour Schumpeter

(1934), n'est pas l'inventeur et n'est pas capitaliste (n'investit pas d'argent). Il est celui qui prend l'initiative de mettre en œuvre le changement technologique.

Entreprendre est donc une fonction économique d'un type particulier qui doit être sous tendue d'une rationalité particulière. En effet, l'entrepreneur cherche à obtenir un surprofit lié à la nouveauté de son activité.

De ce point de vue, la compréhension de la logique entrepreneuriale dans le cadre de concurrence pure et parfaite est impossible d'où l'analyse des pratiques monopolistique. Pour expliquer la dynamique de l'innovation, l'existence d'un marché n'est pas suffisante il faut un autre acteur qui est l'intermédiaire financier (la banque). La banque est essentielle car le financement de l'innovation ne peut provenir que de la création de crédit.

On a parlé de surprofit. Ce surprofit n'est que temporaire. En effet, tôt ou tard, les innovations seront maitrisées par des concurrents potentiels. L'entrepreneur doit mettre en œuvre des nouvelles innovations pour conserver sa rente. Pour Shumpeter (1934), cette course au surprofit stimule le progrès technique. Les nouvelles technologies sont nécessaires pour créer des nouveaux produits.

Au final, le progrès technique est donc bien endogène à la croissance. La théorie de la croissance endogène rejette l'hypothèse de rendement croissant et stipule que la croissance peut être un phénomène cumulatif et auto entretenue. Les sources qui déterminent ce caractère cumulatif sont le capital physique, le capital humain, le capital technologique et le capital public.

Le capital physique.

L'investissement en capital physique contribue à la croissance d'une manière constante. En effet, les investissements en machine et équipement ont une rentabilité constante car la productivité est constante. Grâce à des effets externes, par effet d'imitation et d'apprentissage, les investissements d'une firme profitent aux autres firmes.

Le capital humain.

Le capital humain est aussi une forme du progrès technique. Les théoriciens de la croissance endogène essayent de clarifier la réalité complexe des innovations technologiques apportée par Schumpeter (1934) en partant du concept d'éducation.

« L'éducation est considérée comme la principale source d'accumulation du capital humain, mais sa capacité d'influencer la croissance est controversée » (Ramiarison ; 2002 ; p 10). Ramiarison (2002) ajoute que l'éducation peut améliorer la qualité de la main d'œuvre et facilite la division du travail, augmente la capacité des entrepreneurs, rend les individus plus dynamique et apte à s'adapter aux changements (Papi ; 1986). Le capital humain est donc basé sur la connaissance.

Romer (1986) se fonde sur la théorie du « Learning by Doing » (Arrow ; 1962) pour développer son modèle. Il étudie les effets de l'accumulation de connaissance. Romer (1986) stipule que c'est en produisant que les connaissances et les expériences s'accumulent. Il en résulte des effets cumulatifs car plus la croissance s'accentue plus le savoir faire est fort qui stimule à son tour la croissance.

En s'inspirant des travaux de Schumpeter (1934), Romer (1986) considère que chaque innovation est à la base une « idée » qui se transforme ensuite en connaissance. Ainsi, les idées devraient être des entités économiques mais avec des spécificités qui sont de 3 types :

- ce sont des biens non rivaux. Elles peuvent simultanément être utilisées par plusieurs individus. Ce sont des biens publics ;

- ce sont des biens partiellement exclusifs. Les idées sont protégées par un système de brevet et dont l'utilisation par l'autrui implique le payement d'un droit d'utilisation. Cependant, d'autres idées ne sont pas soumises à ces pratiques et sont totalement exclusives ;

- ce sont des entités cumulatives. Les idées nouvelles sont basées sur les idées anciennes.

Gary (1964) énonce sa théorie du capital humain en présentant l'éducation et la formation professionnelle comme des investissements que les individus cherchent à optimiser. En effet, l'individu se livre à des calculs d'optimisation de manière à décider ou pas d'effectuer des investissements en formation et ainsi gagner en productivité et donc en rémunération.

Lucas (1988) considère que le capital humain est un facteur de croissance. En effet, selon lui la croissance économique dépend des efforts de chaque individu à investir dans l'éducation. Il va y avoir un effet cumulatif. Plus le niveau d'éducation augmente, plus la croissance s'accentue et augmente de nouveau le niveau d'éducation.

L'accumulation de capital humain génère des externalités positives. La productivité d'un individu et son partenaire commercial augmente simultanément si l'individu a un haut niveau d'éducation.

Pour Mincer (1970) l'éducation contribue à la croissance car une main d'œuvre éduquée tend à être plus productive et de rémunération plus importante.

Des études empiriques ont montré que pour un niveau élevé de capital humain, le revenu tend à s'égaliser (Park ; 1998) ce qui est favorable à la croissance (Brisdal et al. 1995). Ces études sont similaires à celle de Barro (1991) qui compare 98 pays et conclue que le taux de croissance du PIB réel par habitant est positivement lié au niveau initial de capital humain.

Le capital technologique

Il est question généralement d'activité de R&D mais les apprentissages par la pratique et les externalités par apprentissage y figurent aussi.

Romer (1990) dit que l'innovation et la R&D influencent la croissance et ont un effet cumulatif. En effet, plus les efforts de R&D sont importants, plus la croissance est forte et plus la croissance est forte, plus les efforts de R&D sont importants.

Les dépenses en R&D sont considérées comme des investissements dans le savoir. Ces investissements se traduisent par l'élaboration de nouvelle technologie aussi bien que par une utilisation plus efficientes des ressources humaines et physiques existante. Ainsi, on peut s'accorder à dire que les activités de R&D peuvent avoir un effet persistante sur la croissance.

Une étude empirique des pays de l'OCDE dans les années 80 a montré que les dépenses totales de R&D en proportion du PIB ont augmenté. Cette augmentation reflète principalement l'augmentation des activités de R&D des entreprises qui sont responsables de la majeure partie des dépenses dans ce domaine.

Cependant, plusieurs facteurs doivent être pris en compte dans l'évaluation du rôle que joue la R&D dans la croissance :

- la relation R&D privée et publique peut être un lien de complémentarité ou de substitution ;
- la R&D publique vise à des progrès dans des domaines qui ne sont pas directement liés à la croissance. Par exemple la défense et la recherche médicale où l'impact éventuel sur la croissance est lent (OCDE ; 1998).

Ces conditions impliquent que toute analyse quantitative de la croissance doit tenir en compte des activités de R&D en tant que forme supplémentaire d'investissement et différencier les types de R&D.

Le capital public.

Le capital public c'est l'ensemble de la dépense publique. La dépense publique est directement productive et doit être considérée comme un des facteurs de la fonction de production. Elle est donc facteur de croissance (Barro ; 1991). La contribution du secteur public à la croissance comprend les dépenses d'éducation, de R&D et celles des infrastructures. Ces dépenses ont un effet cumulatif. En effet, elles permettent d'accentuer la croissance qui induit l'augmentation des recettes publiques et donc de la dépense publique facteur de croissance. Selon Barro (1991), l'augmentation du taux d'impôt a deux effets sur la croissance :

- il la favorise via financement des infrastructures source de croissance ;
- il la défavorise car décourage les investissements privés.

La solution qui s'impose est de choisir un taux d'imposition qui permet à l'Etat de maximiser la croissance.

L'Etat peut aussi favoriser les différentes accumulations de capital.

Il peut améliorer le capital humain par des politiques de formation et d'éducation et favoriser dans ce cas le processus d'accumulation de connaissance. La politique peut être sous forme directe ou indirecte.

Directe par les investissements en capital humain et indirect par l'instauration des lois favorables à l'éducation. Par exemple tout citoyen doit obligatoirement avoir 10 ans d'étude au minimum. Cependant, la réalisation implique la responsabilité de chaque individu.

Les biens produits par la R&D ont les caractéristiques des biens collectifs. Leur coût est indépendant du nombre d'utilisateur. Les interventions de l'Etat seront alors nécessaires par exemple en garantissant un système de brevet qui donne à l'invention les caractéristiques des biens privés, c'est une source de croissance. En effet, ce système de brevet met l'entreprise de R&D dans une situation de monopole qui l'assure une rente de monopole. Donc, une source de dynamisme car cette rente n'est que provisoire. Au bout de certain temps, l'innovation va tomber dans le domaine public et la rend obsolète.

Au final, la rente des monopoles est nécessaire pour assurer une bonne rentabilité à l'activité de R&D à cause caractère provisoire encourageant le dynamisme.

La dépense publique a donc un rôle important à jouer dans l'accumulation technologique en organisant des systèmes de brevet mais aussi en participant directement à l'effort de R&D.

Les infrastructures publiques sont considérées comme des facteurs endogènes de la croissance. En faisant des dépenses en infrastructure, l'Etat améliore la production en baissant les coûts tels le coût de transport et le coût de transaction et accentue le rendement.

Par exemple l'Etat investit dans la construction des routes, ça va baisser les coûts de transport et les coûts d'échange. Contrairement, si la région était enclavée ces coûts seront nettement supérieurs. En effet, l'accès à la région étant difficile, les coûts vont augmenter.

Par contre, l'investissement dans la construction d'un barrage améliore la production.

Par le barrage, la région aura accès à l'électricité et va pouvoir utiliser des machines.

Les investissements publics ont des rendements sociaux car profite à tous. Mais d'une manière générale toutes ces formes de capital ont un rendement social.

Ces rendements sociaux sont supérieurs aux rendements privés puisque l'expérience sert à tous. La connaissance d'un individu ne profite pas seulement à lui mais aussi à ses entourages professionnels.

La particularité de la nouvelle théorie de la croissance est le rôle prépondérant de l'Etat. En effet, il faut une institution capable de mettre en place un système capable de stimuler l'accumulation de connaissance. Cette dernière est la base même de cette nouvelle théorie.

Une autre particularité réside dans le fait que la nouvelle théorie de la croissance parle de croissance de long terme que l'ancienne théorie rejette.

II.1.2. Comment le commerce influence ces facteurs déterminants de la croissance de long terme ?

Dans les anciennes théories de la croissance, l'analyse de l'ouverture internationale ne prenait pas une place très importante. Même si les théoriciens en parlent ce n'est pas de manière détaillé.

Barre (1965, p 106) a écrit dans son article : « Les modèles modernes de croissance, qui ont été élaborés dans la ligne de pensée post-keynésienne, reposent presque généralement sur l'hypothèse d'une économie close. Certes, Sir Roy Harrod prend en considération les échanges internationaux dans son analyse de l'économie dynamique et H. G. Johnson a étendu le modèle Harrod Domar au cas d'une économie internationale comportant deux pays : mais il s'agit pour ces deux auteurs de définir les conditions d'une croissance équilibrée et de rechercher les modifications que l'introduction des exportations et des importations apporte aux conclusions d'un modèle fondé sur la relation entre l'investissement et la demande effective d'une part, et sur la relation entre l'investissement et la capacité productive d'autre part ».

Il ajoute : « De leur côté, les modèles néo-classiques de croissance, qui recourent à des fonctions de production, comme les modèles de Solow et de Meade, ne font aucune référence au rôle des échanges internationaux ».

En effet, les auteurs qui ont étudié la croissance sont généralement discrets sur la question de l'influence des échanges sur la croissance telle Rostow (1961). En revanche, d'autres économistes ceux qui nous intéressent, orientent la réflexion vers l'importance des échanges internationaux. Citons Marshall (1920) qui stipulait que les causes du progrès de la nation appartiennent au commerce international. Ainsi que Robertson (1938 ; p 5) qui ajoute : « les spécialisations du xixe siècle ont été avant tout ... un moteur, un mécanisme de croissance ».

Kindleberger (1962) pour sa part a une vision plus intermédiaire. Selon, lui le commerce peut être à la fois source de croissance mais aussi de récession. Il y a croissance quand la demande étrangère est adéquate et quand l'offre locale l'est aussi et récession dans le cas contraire.

Pour notre part, on va essayer de prouver par une étude théorique que le commerce est un dynamisme de la croissance. Cependant, une étude empirique sera nécessaire pour affirmer la véracité des théories.

Une étude théorique sur la contribution du commerce à la croissance de long terme

Le capital physique et le commerce.

On a déjà expliqué précédemment comment le capital physique accentue la croissance. Maintenant il est question de savoir comment les échanges stimulent l'accumulation de capital physique.

L'échange comprend deux formes soit par l'exportation soit par l'importation.

Grossman et Helpman (1991) ont démontré que l'ouverture permet d'augmenter les importations domestiques de bien et service. Les importations de bien d'équipement favorisent la création de nouveau moyen de production donc stimule l'accumulation de capital physique (Barre ; 1965).

La stimulation du capital physique peut aussi se faire par des investissements en bien d'équipement. Selon Livine et Renelt (1991), c'est par l'intermédiaire des investissements que l'ouverture au commerce contribue à la croissance.

Pour Krugman et Obstfeld (1995), la différenciation des produits assure à chaque firme d'une industrie donnée un monopole s'il y a ouverture. Il en découle que l'ouverture devient un dynamique de la croissance. En effet, la course au surprofit contraint les firmes à acquérir des nouveaux équipements plus performants à chaque fois.

Les prix des biens d'équipement et des services d'équipement chutent à cause des économies d'échelle et la concentration de leur production. Ainsi, la libéralisation des échanges est essentielle pour y accéder. Si des pays en développement sont devenus des exportateurs de renommé, c'est parce qu'ils ont pu bénéficier de bien d'équipement abordable et des sources de produit intermédiaire.

Dans bien de cas, les capitaux étrangers contribuent aussi à l'acquisition des biens et services d'équipement. En effet, les IDE profitent à l'accumulation de capital physique et c'est valable autant pour les IDE verticaux que pour IDE horizontaux. Par les IDE, les entreprises étrangères essayent de contourner les coûts de commerce et les barrières à l'échange et préfèrent produire directement sur le marché étranger. Par la même occasion, ces entreprises sont contraintes d'apporter des équipements pour pouvoir produire les mêmes produits que ceux de la maison mère. Par ce moyen le commerce, par le biais des IDE, accentue le processus d'accumulation du capital physique.

Le capital humain et le commerce

L'ouverture va permettre un mouvement des facteurs de production : homme et capitaux. Le mouvement des hommes signifie mouvement de capital humain. Barre (1965 ; p 14) écrit a ce propos : « Depuis la fin de la seconde guerre mondiale, Israël fournit un exemple de l'importance de l'immigration pour le développement, d'un point de vue quantitatif autant que qualitatif. L'afflux des réfugiés en Allemagne occidentale a été l'une des causes du« Miracle allemande » ». Donc l'ouverture permet la circulation du capital humain.

Par contre, les importations contribuent aussi largement à l'accumulation de capital humain. Par exemple la stratégie d'industrialisation par substitution des importations (ISI). En important les produits ou les services étrangers, les entreprises locales vont essayer de les reproduire dans le but d'approvisionner localement les consommateurs pour ces produits et services. Cette stratégie accentue l'accumulation de capital humain et permet aux entreprises locales d'améliorer ses propres technologies à travers l'ingénierie inverse et l'imitation. Bref, les importations peuvent donc exercer un effet qui favorise l'accumulation de connaissance.

Par les apprentissages par la pratique (Romer ; 1986), les exportations favorisent l'accumulation de capital humain. Selon cette théorie plus une nation produit plus sa connaissance n'évolue. Ainsi, l'ouverture commerciale permet de produire plus et donc d'augmenter le savoir et accentuer la connaissance. En effet, les échanges augmentent la taille du marché. Il en découle en plus d'un marché plus vaste, une variété et qualité de produit plus diversifié encourageant les exportateurs à devenir plus efficace que leur concurrent.

La stratégie d'industrialisation par substitution des exportations (ISE) influence aussi le niveau de connaissance. Cette stratégie explique qu'il faut remplacer les technologies obsolètes utilisées dans l'exportation effective par des nouvelles technologies. Des investissements en R&D doivent être alors effectués. Or, ces activités de R&D stimulent la connaissance donc le capital humain.

Bref, les échanges facilitent la transmission des connaissances introduites dans les biens échangés et permettent d'augmenter la taille du marché pour ensuite, via apprentissage par la pratique, produire plus et stimuler des connaissances. De plus le commerce international permet aux pays d'éviter des investissements en R&D dans le cas des ISI et rarement pour les ISE.

Le capital technologique et commerce

La relation entre les échanges et le transfert de technologie dépend en partie des IDE et des FMN. En effet, l'IDE est un mécanisme important dans la diffusion internationale des technologies en plaçant les nouvelles technologies dans l'économie des pays hôtes. Ces diffusions peuvent être totales (IDE horizontal) ou partielles (IDE vertical).

Dans le cas d'un IDE horizontal, la firme décide de fabriquer ses produits directement sur le marché des pays hôtes. La production se fait donc d'une manière identique au niveau des filiales qu'au niveau de la firme mère. La nouvelle technologie est par ce processus introduit dans le pays partenaire.

Dans le cas d'un IDE vertical, la firme décide de fabriquer les différents composants d'un bien dans plusieurs pays hôtes selon leur avantage. Chaque pays hôte bénéficie donc d'une petite part de technologie. La diffusion existe mais de manière partielle.

Néanmoins, le transfert technologique ne se fait pas de manière automatique. Il faut que:

- les retombées technologiques sont plus probables dans les joint-ventures (JV) ou les entreprises dont le capital est détenu par des investisseurs locaux et étrangers ;
- les retombées dépendent entièrement des interactions entre les producteurs ou les travailleurs locaux et étrangers ;
- l'IDE est plus souvent associé aux retombées technologiques lorsqu'il est orienté vers l'exportation ou vise à améliorer l'efficacité que lorsqu'il a pour seul but de contourner les barrières tarifaires et d'exploiter des marchés locaux protégés ;
- l'écart de productivité ne doit pas être trop marqué entre l'entreprise locale et l'entreprise étrangère ;
- le pays hôte doit être en mesure d'absorber l'IDE, ce qui dépend de nombreux facteurs qui vont du capital social et humain aux réseaux d'information, en passant par le

nombre d'étudiants nationaux scolarisés à l'étranger ;

- il semble y avoir un « effet de seuil » : les bénéfices de l'IDE ne se concrétisent qu'après l'accumulation d'un certain montant de capital étranger.

Si les FMN décident d'externaliser leur production deux cas peuvent se présenter :

- si c'est un IDE de type horizontal, la totalité des secrets de production sera à la main de la firme partenaire (c'est-à-dire la firme qui va produire le bien étranger) ;
- si c'est un IDE de type vertical, seul une petite partie du mode de fabrication sera révélé.

Par ces moyens l'ouverture, par les FMN, contribue à l'accumulation de capital technologique.

Rappelons aussi que l'importation des biens intermédiaires accentue le transfert technologique. En effet, tout bien possède deux parties la partie codifiable et la partie tacite. Une fois la partie tacite décodée, le transfert peut se faire.

Les activités de R&D sont accentuées par l'ouverture. En effet, l'ouverture au commerce international implique une course à la technologie. Cette dernière influe positivement sur les activités de R&D. L'échange agrandit la taille du marché nécessitant un accroissement de la productivité. Cet accroissement ne peut se faire que par des R&D intenses.

Le capital public et le commerce

La course au surprofit incite les firmes à utiliser les technologies les plus performantes. Or, la maitrise de ces technologies nécessite un certain niveau de connaissance. Cette situation pousse les firmes à former ses employés par des investissements en formation. Cet investissement aide à l'accumulation de capital public. En effet, plus le commerce s'accentue plus les technologies évoluent. L'introduction des nouvelles technologies va stimuler l'investissement en éducation de l'Etat ainsi que les investissements en R&D.

Concernant les IDE, elles peuvent remplacer le rôle de l'Etat dans la construction des infrastructures ainsi que l'augmentation des recettes de l'Etat. Par exemple, une firme qui décide d'exploiter une mine qui se trouve en haute montagne. Elle sera contrainte de construire des routes et des ponts pour pouvoir y accéder. Par des effets externes (externalité positive) la population peut profiter de ces infrastructures. En plus, la firme devra aussi payer des impôts par rapport à leur bénéfice. La recette de l'Etat étant accrue, il devra à son tour investir pour stimuler l'accumulation du capital public.

Ces différentes théories étant incapables de prouver l'exactitude de la contribution du commerce dans la croissance, une étude empirique s'impose.

Une étude empirique sur la contribution du commerce à la croissance de long terme

Pour les économistes de l'OMC, l'essor du commerce international est le facteur essentiel de la croissance. En effet, l'OMC évalue à près de 800 milliard de dollar par ans dès 2002 les profits générés par le libre échange.

Plusieurs études semblent confirmer cette affirmation.

Etudes des exportations

Pendant la période de 1960-1973, le classement des pays développés selon le taux de croissance du PIB reflète presque parfaitement l'évolution du volume de leurs exportations. Le Japon a, entre ces deux dates, multiplié ses exportations par plus de sept et son PIB par 3,6. On trouve ensuite les pays de l'ancienne communauté économique européen (CEE) à six, dont les exportations ont été multipliées par un coefficient situé selon les pays entre 3 (Allemagne) et 4 (Italie) et le PIB par 1,8 (Allemagne) et 2,1 pour la France ; et enfin les Etats-Unis et la Grande-Bretagne. Ce dernier pays, dont la croissance du PIB a été le plus le plus faible sur la période considérée, est aussi celui dont le volume des exportations s'est accru le moins.

Enfin, les chiffres de la période 1982-1988 confirment les observations précédentes en les radicalisant. Les trois pays plus directement comparables à la France, par la taille et les conditions économiques (l'Allemagne, l'Italie et le Royaume-Uni) ont combiné une croissance plus forte du volume des exportations et du PIB. Là encore se révèle une forte corrélation positive entre l'effort d'exportation et le revenu.

Pour sa part, le PNUD a étudié la corrélation exportation et croissance pour des pays d'Asie du Sud Est en 2004. Il a comparé le taux de croissance du PIB entre 1994 et 2003 ainsi que le taux d'exportation.

- pour le Corée du Sud, avec un taux d'exportation de 40% du PIB, le taux de croissance annuelle de PIB est de 5,3% ;
- pour la Malaisie, le taux d'exportation avoisine les 114% du PIB et le taux de croissance annuelle du PIB est de 5,1% ;
- la Philippines à un taux d'exportation de 49% du PIB avec un taux de croissance de 4% annuelle ;

- enfin la Thaïlande a un taux d'exportation de 65% du PIB et un taux de croissance de 3,2% annuelle.

Certaines études qui portent spécifiquement sur les pays en développement indiquent que pour les pays à hauts revenus, il y a corrélation positive entre la part des exportations dans le revenu et la croissance (Fontagné et Guérin ; 1997).

Etudes du degré d'ouverture

Jin (2004) a analysé la corrélation entre ouverture et croissance pour 17 provinces et 3 municipalités qui se trouvent en Chine. Il a construit son modèle sur la fonction de production usuelle en incluant le changement technologique qui dépend lui-même du degré d'ouverture du pays. Les résultats obtenus montrent que les provinces côtières qui ont accès à la mer qui ont des économies orienté vers l'extérieure sont plus performantes.

Ben-David (1996) appuyé par les études de Sachs et Warner (1995) ont démontré que c'est seulement dans les économies ouverte qu'on peut observer une convergence inconditionnelle vers la croissance. En effet, Sachs et Warner (1995) trouvent que les pays avec des politiques d'ouverture croissent à un rythme de 4,5% par année dans les années 1970 et 1980 et qu'en revanche, les pays relativement fermés avaient un taux de croissance de seulement 0,7%.

Harrison (1996) en procédant à différentes méthodes d'estimation conclue une relation positive entre degré d'ouverture et la croissance.

Frankel et Romer (1999) en utilisant une méthode à variable instrumental qui inclue des caractéristiques géographiques confirment que le commerce international a un impact important et significatif sur la croissance.

Enfin, Dollar (1992), Barro et Sala-i-Martin (1995) et Edwards (1998) ont trouvé que les interventions de l'Etat au niveau du commerce peuvent influencer de degré d'ouverture et mener à un faible taux de croissance.

Etudes des IDE

D'un point de vue général, l'impact des IDE sur la croissance est fonction du type d'IDE.

Les structures du pays d'accueil et des interactions qui se développent ou non entre des variables telles le capital humain, l'investissement domestique, le commerce.

Pour Wacziarg (1998), à chaque augmentation de 1% de ratio des IDE sur le PIB est associée une élévation du taux de croissance du PIB du pays hôte de 0,3 à0, 4%.

Blomstrom et al. (1994), dont l'étude porte sur des pays en développement à revenu élevé, conclue que les IDE ont été une source importante de croissance. Loesse (2005) trouve ce même résultat pour la Côte d'ivoire entre 1970 et 2001. Selon lui, un point de pourcentage d'IDE supplémentaire qui entre en Côte d'ivoire entraine une augmentation de la croissance du PIB de 0,01%.

Une étude publiée par la banque mondiale (World Bank ; 1991) dans le but de trouver la relation évidente entre IDE et la croissance des PED a montré que les flux d'IDE augmentent l'investissement et donc la croissance.

Grégorio et Lee (1998) étudient 69 pays en développement et concluent qu'une augmentation d'un point de pourcentage du ratio des IDE sur le PIB fait accroitre le PIB par tête de 0,8%.

Etudes des échanges intra-branches

L'étude de Krugman et Obstfeld (1995) sur le commerce monopolistique montre que le commerce intra-branche se situe au cœur d'un processus bénéfique à la productivité et à la croissance.

Fontagné et Guérin (1997) ajoutent que l'essor du commerce intra-branche permet d'accroitre la variété des inputs. La croissance résulte alors non seulement des coûts décroissants obtenus par l'élargissement du marché, mais aussi de l'offre de bien intermédiaire différencié. A ceux-ci s'ajoutent un gain de productivité et une spécialisation sur des segments de production plus fins qui va permettre d'importer des inputs à des conditions plus avantageuse.

Enfin Busson et Villa (1994), dans un panel de 57 pays développé et en développement sur la période de 1967-1971, confirment la supériorité du commerce intra-branche. Ils montrent que l'ouverture favorise la croissance en cas de spécialisation intra-branche. Ainsi, la diversification des inputs va augmentée la productivité du capital.

Compte tenue de ces études, la corrélation positive entre commerce et croissance existe. Cependant, beaucoup de pays n'arrivent pas à profiter du commerce extérieur notamment les pays en développement. La plupart des gains semblent concentrer vers les pays industrialisés creusant ainsi l'écart. La cause principale à cette situation serait la détérioration du terme de l'échange.

Pour la plupart des pays en développement, le commerce extérieur serait à l'origine d'une croissance mal adapté. Cependant Nurkse (1958) insiste de dire qu'une croissance même déséquilibré et fluctuante vaut mieux que pas de croissance du tout. En effet, accuser le commerce international serait à tord. Barre (1965 ; p 122-123) explique clairement en ces termes : « Il n'est donc pas possible de conclure, en ce qui concerne les pays sous-développés à une inefficacité, du dynamisme des échanges extérieurs. On ne saurait attribuer à ces échanges des responsabilités qui sont imputables en fait à d'autres causes. La non-croissance ou la croissance ralentie de ces pays ne sont pas une conséquence de leurs relations économiques avec l'étranger ; elles résultent de leur incapacité plus ou moins grande à « absorber » le stimulant qui vient de l'extérieur et à en tirer avantage pour l'ensemble de leur économie. Les discussions relatives aux effets du commerce international sur la croissance des pays en voie de développement permettent cependant de comprendre comment se pose le problème de l'efficacité du dynamisme des échanges extérieurs : celle-ci dépend d'une part des caractéristiques de ces échanges, d'autre part des possibilités de transmission de la croissance du « secteur extérieur » vers le « secteur domestique » de l'économie nationale. En ce qui concerne le premier point, raisonnons à titre principal sur les exportations et le secteur exportateur. L'effet d'entraînement des échanges avec l'extérieur dépendra, dans ce cas, des conditions suivantes :

— du taux de croissance des exportations, qui dépend de l'élasticité de la demande étrangère pour ces exportations (par rapport au prix et au revenu) et de l'élasticité de l'offre nationale de ces exportations ;

— de la mesure dans laquelle ces exportations sont créatrices d'emploi et de revenu dans le pays ;

— de la mesure dans laquelle les revenus provenant des exportations bénéficient à des groupes d'agents économiques ayant une faible propension marginale à importer ;

— de la plus ou moins grande stabilité des recettes d'exportation ;

— de l'affectation à des investissements plus ou moins productifs des épargnes formées sur les revenus provenant de l'exportation. »

Ainsi, le dynamisme des échanges extérieurs, comme tous les dynamismes de la croissance, ne peut être favorable à la croissance d'une économie que si celle-ci est apte à saisir les occasions de croissance qui s'offrent à elle et si elle peut s'y adapter pour en tirer profit. La section deux montres que la Chine a su tirer profit du commerce.

Section 2. Contribution du commerce à la croissance de long terme Chinoise

Avec une population de 1 milliard 300 million en 2010 et 1 milliard 354 million en 2012 , il semble difficile avec un tel handicap de croire à une croissance de la Chine. Pourtant, le gouvernement chinois a su rendre ce handicap à son avantage. En effet, la Chine se trouve actuellement au 2è place en termes de puissance économique mondiale. Cependant, des craintes venant des pays occidentaux à l'idée que cette puissance économique devienne une puissance militaire se font lourdement sentir.

Néanmoins, cette puissance n'est qu'en termes de PIB absolue qui, selon les études du fond monétaire international (FMI) avoisinait en 2010 les 4985.461.200.585 $. En termes de PIB/tête la Chine fait partie des pays à revenu intermédiaire supérieur. Elle était pour 2010 de 4392 $ et augmente à 6075,9 $ en 2012.

Pour l'année 2012, le rythme de la croissance économique chinoise s'est ralenti par rapport à celle de 2011 qui sont respectivement de 7,8% et 9,3%. Une analyse effectuée par le ministère des finances et de l'économie du Québec (MFEQ) permet de dire que la cause de cette baisse de performance peut être attribuée en partie à la contraction de la demande mondiale. La contraction venant des pays étrangers engendre un recul des exportations chinoises qui induit une baisse de la production et de l'investissement.

Cette situation prouve à quel point la performance de l'économie chinoise est fortement basée sur le commerce extérieur et son ouverture économique.

Il nous importe donc de faire une aperçu du commerce extérieur chinoise qui est la base même de sa croissance. Il est nécessaire ensuite de savoir comment, par quels moyens et par quelles stratégies les dirigeants chinois sont parvenus à rendre le commerce un stimulant de la croissance.

II.2.1. Structure du commerce extérieur chinois

Globalement, c'est à partir des années 90 que le commerce chinois à pris de l'ampleur. Jusqu'à l'année de l'entrée de la Chine dans l'OMC (en 2001) l'exportation chinoise était de 60% et l'importation de 40%. Pour l'année 2012 ces chiffres étaient respectivement de 51,6% et 48,4% selon le MFEQ.

Notre analyse va se focaliser en partie sur les périodes entre 1980 et 2000. L'intérêt est que c'est pendant ces années que la Chine a commencé à fonder la structure de son commerce actuel base même de sa croissance fulgurante.

Les exportations : du Textile à l'électronique

Dès son ouverture en 1979, les exportations chinoises sont centrées sur les secteurs de l'habillement et les produits divers comme le jouet. Ces échanges ont progressé et se positionnent désormais sur les biens d'équipements et en particulier sur les produits de l'électronique pour lesquels la Chine est devenue le premier fournisseur des Etats-Unis.

La Chine se focalisait sur les industries traditionnelles comme le textile-habillement et les articles manufacturiers divers (jouet, montre….). Par ces types d'industries elle a percé sur les marchés mondiaux. Elle a ensuite poursuivit son ascension commerciale par une rapide diversification de ses exportations manufacturières.

Le textile-habillement qui a constitué le principal secteur d'exportation au début des années 90 était de 38% des exportations totales selon la statistique douanière de la république de Chine (SDRC). Par contre les produits manufacturiers étaient de 11%. Néanmoins, ces derniers ont une croissance de 20% par ans dans cette période selon la SDRC encore.

Si les exportations chinoises ont progressé dans tous les secteurs, cette progression à été particulièrement dynamique dans les années 90 pour les matériels électriques et les nouvelles technologies. Ces exportations allaient de 18% du commerce totale en 1993 à 40% en 2002 (Lemoine ; 2004).

Au final, en 2002, les deux premiers postes d'exportation chinoise sont les équipements électriques (20% de l'exploration totale) dont le poids a doublé mais aussi les machines (15,6%) dont de poids a triplé. Ensuite viennent loin derrière et en recul relatif les articles de confection (6, 3%) et les articles de bonneterie (Lemoine ; 2004).

Pour les autres grandes catégories de produit l'évolution est la suivante. Concernant les produits chimiques, matériaux de construction l'exportation était de 8,6% en 1993 et 9,2% en 2002. Les produits métallurgiques et métalliques ont connue une légère augmentation de 0,1% allant de 5,1% en 1993 à 5,8% en 2002. Les exportations de produit agricole et alimentaire ont beaucoup chuté allant de 11,7% en 1993 à 5,3% en 2002. Cette baisse montre la sortie de la Chine dans l'état de société traditionnelle. Etat où la plupart des PED ne peuvent sortir. L'exportation des matières premières a suivi cette tendance. Elles étaient de 5,3% en 1993 pour descendre à 3% en 2002. Cependant la part des matériels de transport dans l'exportation totale a vue une hausse de 1,1% allant de 2,1% à 3,2% pour les périodes respectives de 1993 à 2002 (Lemoine ; 2004).

Les années 2000 ouvrent donc une nouvelle perspective pour la Chine : « l'ère de la haute technologie ». En effet, la Chine a su satisfaire une demande mondiale accrue en produit de haute technologie. Ses exportations ont été diversifiées et plus tournées vers ces produits tant convoités au niveau mondial. Il en a découlé que la Chine est aujourd'hui le premier exportateur mondiale de produit de technologie de l'information et de la communication (TIC) dont la genèse est l'année 2000.

En effet, la Chine exporte essentiellement des équipements d'ordinateur et de télécom et TV, c'est-à-dire l'électronique grand public mais elle est bien moins performante dans les composants et les instruments électroniques (SESSI ; 2005). Elle enregistre un surplus commercial de 120 M$ pour les trois premières catégories, et un déficit de 60M$ dans le cas des composants.

Ce surplus résulte essentiellement du commerce avec les pays avancés et en particulier les Etas -Unis. Par contre, le déficit (importation) de composant électronique provient des voisins asiatiques (Corée et Japon principalement).

Selon Schaaper (2004), cette nouvelle structure du commerce suggère que la Chine importe des composants dans le but de les assembler puis exporter les produits finis. La Chine serait donc devenue un pays assembleur ? Plusieurs études statistiques sur les exportations confirment cette constatation.

Gilboy (2OO4), Gaulier et al. (2005) montrent qu'en 2003 55% des exportations totales chinoises ont été réalisées par des filiales étrangères. Celles-ci sont particulièrement actives dans les exportations des produits intensifs en technologie et des ordinateurs portables devenus l'une des principales exportations de la Chine.

Bergsten et al. (2006) ajoutent que les firmes coréennes et taïwanaises ont délocalisé leur production d'ordinateur portable en Chine. Une analyse détaillée des données ont montré qu'en réalité la Chine se limite à assembler les composants électroniques importés dans les filiales étrangères qui exportent après les produits finis. Par la suite il serait approprié de parler de la Chine comme le premier pays exportateur de travail d'assemblage dans les TIC.

Une analyse de 17 types de produit pour l'année 2002 de la SDRC montre que l'exportation d'assemblage occupe une grande place vis-à-vis des commerces ordinaire.

Il apparait donc que les produits « made in China » sont essentiellement situés au niveau des opérations d'assemblage à faible valeur ajoutée. Ces produits son avant tout l'œuvre des multinationales étrangères implantées en

Chine. Cette contribution des FMN étrangères est de 90% des exportations chinoises de produit de haute technologie en 2006. Ainsi, bien que cela puisse paraitre contradictoire, la Chine n'est pas le maitre des produits « made in China ». Les produits issues des entreprises chinoises seront alors appelé « made by China » (Zhang ; 2008).

En 2006, parmi les 500 entreprises les plus importantes dans le commerce international de la Chine, 60,8% étaient des entreprises à capitaux étrangers; parmi les 200 plus grandes entreprises exportatrices en Chine, les entreprises à capitaux étrangers représentaient 62,5% (Zhang ; 2008).

Ainsi, malgré que la Chine occupe une place primordiale dans l'économie mondiale, il est exagéré de la qualifié déjà d'usine mondiale. En réalité, la capacité de la Chine à alimenter le marché mondial demeure plutôt limité. En effet, même si la Chine est aujourd'hui le premier exportateur d'une centaine de produits dont 80 biens manufacturier répartis dans plus de 10 secteurs, elle ne réalise que

5% de la production industrielle mondiale. Elle est loin des Etats-Unis (20%), du Japon (15%) et de l'Allemagne (Lu ; 2003).

La Chine est faible dans les industries liées aux équipements où la valeur ajoutée est plus importante. Cette situation s'explique par le fait que la Chine n'as pas encore le niveau technologique nécessaire pour devenir un centre manufacturier mondial. En réalité, elle est très dépendante des technologies avancées provenant des investissements directs étranger entrant (IDEE) dans la quasi-totalité des industries.

Les importations dictées par la demande intérieure et par celles des industries exportatrices

Globalement, les importations se subdivisent en deux types de besoin : ceux du marché intérieur et ceux des industries tournées vers l'extérieur (assemblage).

La Chine utilise une politique de discrimination douanier en faveur des importations destinées à l'assemblage. En effet, les importations desservant de la demande interne sont soumises à un régime douanier normal tandis que les importations pour assemblage et réexportation bénéficient d'un régime d'exemption qui a fortement contribué à leur essor.

Les importations pour la demande intérieure

Depuis le milieu des années 90, les importations pour le marché intérieur ont connu une progression accélérée. Notamment, à cause de la baisse du tarif douanier engagé par la Chine dans le but d'entrer dans l'OMC et aussi par la croissance en 2003. Ces importations étaient de 41,7% du commerce en 1992. A cause du régime douanier qui favorisait des importations pour l'assemblage en 1997, les importations pour la demande intérieur ont chuté jusqu'à 27,4% du commerce total (Lemoine ; 2004).

Néanmoins, par la croissance générée par l'exportation des produits provenant des importations d'assemblage, il y a eu effet positive sur les importations ordinaires allant à 40% en 2003(Lemoine ; 2004).

Les importations qui sont destinées au marché intérieur se composent principalement de :
- machine, 17% de ce type d'importation total ;
- produits chimique, 17% ;
- matière première et combustible, 16,8% ;
- matériel électrique, 15,6%.

Les importations pour l'assemblage

Dans la première moitié des années 90, les importations pour l'assemblage ont progressé beaucoup plus vite que l'ensemble et ont cumulé à 50% des importations totales en 1997. Ce sont les importations d'assemblages concernant les produits TIC (composants électronique) qui se sont les plus développées. En effet, la Chine étant attractif en main d'œuvre attire des pays développés à s'y investir. Cette situation explique l'augmentation simultanée des exportations et des importations. Etant donné la demande accrue en produit de haute technologie, c'est ce type d'industrie que les pays investisseurs en Chine pratiquent afin de profiter de la main d'œuvre locale.

Bref, la position de la Chine dans la segmentation internationale des processus de production a un effet déterminant sur la composition de ses importations. Ce rôle que la Chine joue explique l'importance que prennent les produits intermédiaires dans la totalité de ses importations de l'ordre de 63% en 2002 et pour les pièces et composant 22,5% (Lemoine ; 2004)

Néanmoins, la Chine devient de plus en plus un marché. En effet, l'accélération de la croissance survenue en 2003 a fait bondir les importations à destination du marché intérieur de plus de 40%. En particulier les achats de produit agricole et alimentaire de plus de 48%, de matière première plus de 50% et de combustible plus (Lemoine ; 2004).

Il en a découlé que la Chine est devenue le deuxième importateur de pétrole après les Etats unis et un acteur de premier plan sur le nombre de marché de matière première (nickel, cuivre, aluminium…) ainsi que de denrée agricole (soja, coton, huile de palme….) où elle a contribué à la hausse de la cours.

Selon des analyses effectuées par le MFEQ en 2012 la Chine était devenue le deuxième importateur de marchandise au monde avec une part de marché de 9,4%. Pour les services commerciaux, elle occupait le troisième rang des importateurs à l'échelle mondiale avec une part de 5,9%. 33,9% de ces importations de service commerciaux étaient des services de transport. La structure des produits importés par la Chine n'a guerre changé en 2011. Elle est composée de produit manufacturier (59,2%), des produits combustibles et des industries extractives (29,6%) et des produits agricoles (8,3%).

Evolution du commerce chinois

De 1978 à 2007 le commerce chinois est monté en flèche malgré une petite baisse entre 1985, 1988, 1996. Compte à la balance commerciale elle est en générale assez satisfaisant malgré le déficit entre 1978 et 1994 (Annexe 2).

II.2.2. Le commerce comme stimulant de la croissance

La définition la plus simple de la croissance est l'augmentation de la production nationale. Pour le cas de la Chine, cette production se fait par le biais de l'exportation intensive allant jusqu'à 51,6% en 2012 selon la MFEQ. En revanche, l'importation pour cette même année était de 48,4%. Il en résulte un excédent commercial qui contribue à la croissance surprenante d'en moyenne 10% par année en Chine.

Il a été plus intéressant pour notre part de chercher par quel moyen la Chine est arrivée à exporter et donc pour produire autant. Au fil des recherches, on a pu conclure que les IDE attirés par un coût faible de la main d'œuvre ainsi qu'une politique d'attractivité du gouvernement étaient les principales causes de cette montée fulgurante du taux de croissance. On a pu aussi tirer que la plupart de ces IDE se sont spécialisés dans la production des biens à haute technologie.

Notre analyse se subdivisera en deux volets. D'abord, il est question de montrer comment ces IDE contribuent pleinement au commerce et au transfert de technologie. Puis de montrer qu'en plus des héritages technologiques permis par les IDE, grâce à l'ouverture, désormais la Chine se met à investir en capital humain et technologique via activités de R&D intensifs.

Investissement direct étranger : moteur de la croissance

Le développement intense que la Chine a connu repose en partie sur la présence des IDEE (Richet ; 2012). Ces IDEE ont contribué à la facilitation de rattrapage technologique et la mise en œuvre de nombreuses firmes.

Ces firmes ont pu tirer profit aux standards des firmes occidentales, dans tout type d'industrie, des technologies moyennes et parfois avancés. Cependant, Richet (2012) ajoute que les investissements directs étrangers sortant (IDES) chinois connaissent aujourd'hui une très forte expansion et contribue aussi à la croissance. Cette expansion rapide s'inscrit dans la forte croissance du PIB chinois.

Ainsi, de principal récepteur d'IDE la Chine se place actuellement comme premier parmi les nouveaux émetteur d'IDE venant du Sud (UNCTAD ; 2011)

Le taux de croissance d'IDES au cours de ces dernières années se rapproche du taux de croissance des IDEE. En 2010, les IDES s'évaluent à 68,8 milliard de US $ contre 105,7 milliard US $ pour les IDEE (BBVA ; 2011).

En guise de remarque, il est important de mentionné que la plupart des firmes implantées en Chine sont des champions nationaux. Elles se sont développées en profitant de nombreux facteurs. Parmi ces facteurs, on peut citer les innovations et spécialisation sur un marché protégé, le développement interne des compétences, taille du marché, accès privilégié au financement auprès de banque en position de monopole, nature de la réglementation, taux de change, politique industrielle spécifique, sectorielle ciblé, politique de R&D. Concernant le rôle des IDE dans la croissance on va prendre un à un les deux types d'IDE.

Investissement direct étranger entrant comme moteur de la croissance

La politique d'ouverture depuis 1979 suivie par la Chine avait pour objectif l'attraction des IDEE. La réception des IDEE a joué un rôle accélérateur dans la croissance économique (Huang ; 2003) de deux manière. D'abord par une croissance du taux d'investissement étranger qui a permis d'augmenter la production pour l'exportation. Après cette politique a permis au pays de s'ouvrir de manière sélective et d'enregistrer une dynamique de croissance spectaculaire par un transfert technologique.

Les IDEE ont joué un rôle important dans l'ajustement des firmes ainsi que les échanges. En effet, plus de la moitié des exportations et des importations chinoises viennent des IDEE. Ils contribuent à hauteur de 30% de la production industrielle et génèrent 22% des profits du secteur industriel.

Avec un niveau élevé de productivité, les IDEE n'emploient que 10% de la main d'œuvre dans ce même secteur (Thun ; 2006). Dans la période entre 1990 et 2002, la Chine a reçu un quart des IDE allant aux PED soit exactement 6% des flux mondiaux. Les 2/3 des capitaux ont été investis dans les industries porteuses comme l'industrie manufacturière. Le secteur service était encore fermé aux IDE jusqu'à l'entrée de la Chine à l'OMC en 2001 (Lemoine ; 2004).

Ces IDEE en Chine obéissent à deux grands mobiles : gagner en compétitivité sur le marché international en réduisant les coûts de production et pénétrer le marché local.

Les autorités chinoises ont encouragé et canalisé les IDEE vers les industries exportatrices dans les secteurs surtout de haute technologie et dans les industries où leur production venait en substitutions des importations (typiquement les industries automobiles).

Ce sont les entreprises à capitaux étranger qui ont largement contribué à faire de la Chine l'atelier du monde. En effet, la participation des filiales étrangères aux échanges extérieurs chinois repose avant tout sur leurs opérations d'assemblage et de transformation de produit intermédiaire et composant importé. Ainsi, les IDEE en Chine ont actuellement un rôle largement dominant dans les secteurs les plus porteurs des exportations chinoises (équipement de télécommunication et matériel informatique).

Il en découle que les IDE on faits de la Chine assembleur et exportateur de produit à haute technologie. Ainsi, les exportations chinoises sont des produits à faible valeur ajoutée. En effet, les pays industrialisés et surtout Asiatiques ont transféré en Chine les stades de production à forte intensité de travail où la Chine leur offrait l'avantage de très bas coûts salariaux (Lemoine ; 2004).

Bref, le réseau des échanges internationaux a profondément changé par la délocalisation des pays industrialisés vers la Chine. Les pays industrialisés au lieu d'exporter directement des produits finis exportent des produits semi finis (des composants) en direction de la Chine. Grâce à des IDEE en Chine, les pays effectuent des opérations d'assemblage pour pouvoir ensuite exporter de la Chine vers le monde. Par ce procédé, les pays industrialisés bénéficient de baisse du coût de main d'œuvre, gagné en compétitivité et en même temps agrandir son marché.

Néanmoins, la plupart de ces exportations sont peut intensives en valeur ajoutée car ne résulte que d'opération d'assemblage. Mais en général les IDEE ont contribué positivement à la forte croissance du PIB chinois (Thun ; 2006).

Jusque là, il a été question d'échange. Mais le rôle des IDE comme moteur du transfert technologique compte comme dynamique de la croissance. En effet, le transfert technologique enrichit le capital technologique qui comme on l'a déjà montré est un déterminant de la croissance de long terme.

Dès son entré en 1979 les IDEE en Chine ont été fortement réglementés : volume, propriété et contrôle des firmes conjointes, distribution régionale, recherche d'effet d'agglomération, lien avec les politiques industrielles du gouvernement.

Comment s'opéraient les transferts technologiques ?

Avant son entrée dans l'OMC en 2001, la plupart des transferts se faisait par essaimage c'est-à-dire des copies-développement par la présence souvent obligatoire des partenaires chinois dans les JV. L'adhésion à l'OMC engendre des restrictions significatives diminuant les capacités de transfert par ces réseaux.

En effet, au début, seuls les JV représentaient le type d'implantation offrant le maximum de possibilité de transfert de technologie et de compétence.

Ces formes d'IDE s'appelaient equity joint-ventures. Elles existent depuis 1979 et sont des sociétés mixtes de capitaux. Elles nécessitent une participation étrangère d'au moins de 25% du capital d'une durée de 30 ans en général voire 50 ans ou illimité. Les bénéfices peuvent être rapatrié et la production vendu sur le marché local sous réserve d'un taux minimum d'exportation. Cette forme d'IDE est privilégiée par les investisseurs étrangers, du fait de la complexité à comprendre et à pénétrer le territoire chinois sans partenaire local.

Viennent ensuite les coopératives JV qui sont des sociétés mixtes coopérative crée en 1998. Peut ou non être doté de personnalité morale. Plusieurs avantages sont à souligner : la possibilité de répartir les bénéfices dans un pourcentage différent de l'apport en capital ; la récupération pour l'investisseur étranger de son investissement pendant la durée du contrat ; une gestion plus souple des activités que la société mixte de capitaux. Jusqu'en 2002, ces deux modes d'implantation ont représenté les sources majeures des transferts.

Enfin la société la société à capitaux exclusivement étranger ou wholly forcing owned enterprises sont apparus. Elle est proche d'une société à responsabilité limitée

(SARL). Cette forme d'investissement est très réglementée et reste interdite à certains domaines jugés stratégiques par le gouvernement central. Ces statuts sont réglementés par la loi de 1986 et par les textes d'application de 1990. L'état central requiert qu'il s'agisse d'un secteur à forte intensité technique et capitalistique afin d'en limiter la création. Elle doit utiliser une technologie et un équipement avancés ; permettre des économies d'énergie ou de matières premières ; produire de nouveaux biens et services se substituant aux importations ou encore exporter plus de 50% de sa production ; assurer l'équilibre de ses besoins en devises. L'investisseur contrôle alors entièrement l'exploitation de la société. Depuis les accords de Doha, ce statut commence toutefois à être privilégié par les investisseurs étrangers connaissant bien le marché chinois et ne souhaitant plus s'associer à un partenaire chinois. Cela représente un premier pas vers une plus grande liberté d'implantation et de développement sur le territoire, mais également, pour le gouvernement central, une plus grande difficulté de contrôle des stratégies développées par les firmes étrangères. L'accession à l'OMC conduit en effet à un assouplissement de la réglementation sur les IDE et cette dynamique va s'intensifier jusqu'en 2007 mettant ainsi fin à la politique d'ouverture sélective.

Au final, de copie développement le transfert technologique se fait désormais par des transactions. Les transactions qui portent sur un transfert technologique sont des arrangements entre parties pouvant prendre de multiples formes :

• la cession, la vente ou la concession sous licence de toutes les formes de propriété industrielle, sauf pour les marques de fabrique, marques de service et noms commerciaux quand ils ne font pas partie des transactions portant sur un transfert de technologie ;

• la communication de savoir-faire et de connaissances techniques spécialisées sous forme d'études de faisabilité, de plans, de graphiques, de modèles, d'instructions, de manuels, de formules, d'études techniques de base ou détaillées, de spécification et de matériel pour la formation, de services fournis par du personnel technique, consultatif et de gestion, et de formation de personnel ;

• l'accompagnement technologique nécessaire pour l'installation, l'exploitation et le fonctionnement d'usines et de matériel et les projets "clés en main".

Quels sont les avantages d'un transfert technologique ?

Les avantages pour la firme chinoise sont multiples. Cela lui permet :

• de contourner des barrières à l'entrée d'ordre technologique (cela permet de disposer d'une technologie ou d'innovation souvent protégées par des brevets) ;

• de disposer plus rapidement d'une nouvelle technologie que par une R&D propre (croissance plus rapide). Le transfert permet en effet de disposer à moindre coût d'une technologie qui nécessiterait de forts investissements de conception et de

développement si elle était développée en
interne ;
•   de limiter les incertitudes et risques
d'opérationnalité de la technologie acquise
(cette technologie a déjà fait ses preuves).

Quant aux avantages pour la firme étrangère,
ils sont doubles :
•   tirer du transfert une rémunération
dans le cadre d'un contrat qui doit, pour être
viable, bénéficier aux deux partenaires. Un
transfert permet de valoriser ses savoirs et
savoir-faire. Comparer à la vente d'un produit
ou d'un service, la cession de technologie
représente en effet une autre façon de vendre ;
•   cession et acquisition doivent être
considérées non pas comme un transfert
unilatéral mais comme deux termes d'un
échange à la fois technique et commercial qui
se réalisera, au moins à moyen terme, dans les
deux sens. Les clauses habituelles dans les
contrats de licence de droits réciproques aux
perfectionnements en sont la traduction
juridique.

Investissement direct étranger sortant comme stimulant de la croissance

La croissance des IDES chinois est toute récente. En effet, elle ne démarre véritablement tant en volume qu'en nombre d'acquisition et investissement vierge que le lendemain de son implantation dans l'OMC en 2001 (Richet ; 2012).

Cependant, cette progression des IDES chinois surtout en direction des pays développés alimente des craintes de prise de contrôle d'actif stratégique. L'exemple d'achat de Volvo par la firme automobile chinoise Geely (Balcet et al. 2012) ou aussi l'accroissement de l'influence de la Chine sur les grandes économies développées (Subramanian ; 2011) justifient ces craintes. La figure dans l'annexe 3 justifie aussi cette crainte.

Contrairement aux IDEE les IDES sont à la fois des causes et conséquences de la croissance. La forte croissance de l'économie chinoise, en faisant appel aux matières premières et aux énergies fossiles (pétroles, gaz), contribuent à l'accélération des IDES. En retour les IDES accélèrent la croissance de différentes manières :

- L'accès à un plus grand marché.

L'accès à un plus grand marché est moyen de contourné les barrières douanières pour ensuite créer un réseau local ou régional de distribution, de se rapprocher du marché régional en forte expansion. Les firmes chinoises peuvent acquérir un nouveau savoir faire et accumuler des compétences. Par exemple, l'accumulation de compétence qui a été réalisé sur le marché étranger a servis de tremplin à internationaliser certaines firmes quelque unes devenant des leaders mondiaux comme Haier et Huawai... (Richet ; 20012).

Bref, l'accès à un plus grand marché permet de produire plus et accumuler plus de capital humain et technologique.

- L'accès à plus de ressource.

Pour maintenir un taux de croissance acceptable, l'économie chinoise doit avoir les ressources nécessaires en tenant compte de l'épuisement des ressources national. Ainsi, les IDES chinois opèrent au niveau mondial pour assurer leur gain en ressource : Amérique, Afrique, Océanie, Asie centrale (Richet ; 2012).

- Les rentabilités découlant des IDES.

Comme tout investissement, l'IDES est accompagné d'une rentabilité. La Chine va pouvoir accroitre le revenu national qui va permettre d'autres investissements.

- Réduction des coûts de commerce.

Les investissements en recherche et développement

L'intensité technologique des exportations chinoises résultent du contenu High-tech des inputs importés plus qu'elles ne reflètent la capacité interne d'innovation. Les entreprises à capitaux étranger ont un poids écrasant dans les échanges de haute technologie de Chine. En effet, elles assurent les 2/3 des importations et ¾ de ses exportations en haute technologie en 2002 (Lemoine ; 2004). Il apparait donc que la montée en gamme technologique de la Chine dans le commerce international semble ainsi indissociable de sa dépendance accrue des capitaux et technologies étrangère. La Chine n'est pas propriétaire de la technologie qu'elle utilise.

Conscient de ce retard et cette dépendance, le gouvernement à depuis la fin des années 90 mis en œuvre des politiques technologiques. Des études de Fabre et Grumbach (2011) ont montré que ces politiques sont accès sur l'innovation et l'augmentation significative des dépenses en R&D. Le but de cette politique était aussi d'accélérer le rattrapage des firmes chinoises par l'accès aux technologies et d'accroitre la performance au niveau national et international.

Une rapide augmentation des dépenses de recherche et développement

Les dépenses en R&D se sont accrues allant de 1,3% du PIB en 2003 à 1,5% en 2005 (Lemoine ; 2004).

La Chine en 2003 était le 3è pays au monde pour la dépense de R&D derrière les Etats unis en premier place et le Japon en deuxième position.

Cependant la structure des dépenses en R&D en Chine ne contribue pas encore à accroitre son patrimoine technologique. Il y a deux raisons principales qui peuvent expliquer cette situation.

D'abord, si les dépenses en recherche fondamentale est un indicateur de capacité d'innovation à long terme, la Chine mise principalement sur des activités de développement. Comparé donc aux pays avancés, la Chine restera au même niveau technologique que les pays émergeants (Freeman ; 2005). Des études de Seong et al. (2005) montrent que seulement 5,7% des R&D étaient destiné à la recherche fondamentale. Par contre ce chiffre était de 18% pour les Etats-Unis et 13,7% pour la Corée du Sud expliquant leurs performances technologique comparé à la Chine. Des données en 2004 montrent mêmes que les Etats unis ont alloué 0,5% de leur PIB à la recherche fondamentale contre 0,1% seulement pour la Chine.

La deuxième raison est que les R&D privés en Chine sont relativement insuffisants. Les seuls qui existent ont tendances à dépenser en développement plutôt qu'en recherche afin d'innover. En effet, ils se consacrent sur le design et s'appuient principalement sur les apports technologiques extérieurs plutôt que sur leur propre innovation. Cette structure désavantageuse provient du fonctionnement du commerce. La plupart des entreprises étrangères investissent surtout dans les secteurs de haute technologie. Les firmes chinoises se contentent du transfert de technologie qui en découle. Il y a donc une dépendance vis-à-vis de ces firmes étrangères. Le transfert reste cependant limité car les firmes étrangères exercent plutôt des opérations d'assemblage. Ainsi, l'intensité des dépenses en R&D des firmes étrangères est moins importante que celles des firmes locales. Selon Motohaski (2006), sur les 22000 entreprises qui ont été étudiées les dépenses de R&D atteignaient 1% des ventes des firmes locales et 0,4% pour les filiales à capitaux étranger.

Selon le CNUCED (2005) en 2003 23,7% des dépenses en R&D privé en Chine provenait des filiales étrangères et le reste par les firmes privés locales.

Bref, même si les firmes chinoises sont plus intensives en R&D, elles restent dépendante des firmes étrangère en matière de technologie. En effet, elles dépensent plus en développement qu'en recherche.

Reforme du système éducatif

Faire des recherches et des développements ne peuvent aboutir à des résultats concrets qu'avec un minimum de niveau de compétence et de connaissance. Ainsi, l'éducation joue un rôle primordial. A la fin des années 90, une importante reforme du système éducatif a été mise en place par la Chine. Le budget alloué à l'éducation a connue une hausse. Il est passé de 2,5% du PIB en 1999 à 3,3% en 2002 (Seong et al.; 2005).

Les universités ont une place importante dans cette reforme. Plusieurs universités ont été fusionnées. Leur rôle dans l'éducation et les R&D n'a cessé d'augmenter en formant un grand parti des étudiants en Master et en Doctorat. Ces universités contribuent surtout dans l'accroissement des recherches fondamentales et la maitrise des hautes technologies.

Le nombre d'étudiant en 3è cycle a monté jusqu'à 19,4 million en 2004 et occupe la première place devant les Etats unis et l'union européenne (UE). Le nombre d'inscrit et de diplômé du 3è cycle a été multiplié par 2,6 entre 2000 et 2004 selon l'united nations educational, scientific and cultural organization (UNESCO).

Malgré tant d'effort, Shaaper (2004) constate que le nombre d'étudiant inscrit dans les programmes de recherche est encore assez faible. Néanmoins, Freeman (2005) considère que ce nombre augmente assez rapidement et que la Chine pourrait produire plus de doctorant que les pays avancés. Gereffi et

Wadhwa (2006) ajoutent qu'en réalité le nombre d'ingénieur formé en Chine et en Inde est plus proche du nombre Américain.

L'une des grandes faiblesses des jeunes diplômés chinois est le manque de pratique. Farell et Grant (2005) constatent que même si le nombre de diplômé semble être élevé a première vue, le nombre des jeunes professionnels réellement capable de tenir une poste dans les entreprises est bien moindre.

Cette lacune provient du système éducatif qui privilégie l'enseignement théorique. La plupart des candidats à une poste d'ingénieur arrivent avec très peut de pratique. Ces constatations sont tirées des entretiens menés auprès des managers en ressource humaine de plusieurs entreprises. Ils affirment tous que les jeunes professionnels ont un bon bagage théorique, une forte capacité d'apprentissage mais manquent de compétence linguistique et organisationnelle. Il en résulte que la firme doit compléter leur formation afin qu'ils puissent être opérationnels.

Le gouvernement a aussi instauré différentes politiques visant à faciliter le rapatriement et la réinsertion sociale des chercheurs chinois qui ont travaillé à l'étranger. Ces politiques consistent par exemple à des traitements préférentiels pour le logement et la recherche, l'octroi des bourses universitaires spécifiques, meilleur transparence dans le partage de l'information. Ces politiques ont été efficaces et 25000 chinois formés à l'étranger en 2004 sont rentrés travailler dans leur pays d'origine (Zweig ; 2006). Marquons que la principale de ces chinois formés à l'étranger sont concentrés dans les pays de l'OCDE et plus particulièrement les Etats-Unis.

L'intérêt de ce rapatriement vient du fait que des enquêtes effectuées par le gouvernement ont montré que les rapatriés seraient plus compétents et mieux formé que les chercheurs restés en Chine. Ainsi, les rapatriés contribuent à la qualité de la recherche et aux transferts de technologie.

Conclusion du deuxième chapitre

Ce second chapitre avait pour objet de déterminer l'influence du commerce extérieur sur la croissance chinoise. Ce chapitre définit les stimulants de la croissance surtout de long terme avant d'expliquer les liens entre commerce et croissance puis enfin de les transposer pour le cas de la Chine. Au terme de notre analyse, on a pu dégager quatre grands enseignements.

Premièrement, la route vers le développement que la Chine emprunte actuellement ne suit pas la logique des 5 étapes de développement de Rostow (1961). Rappelons que ces 5 étapes sont : la société traditionnelle, phase de pré-décollage, décollage (take-off), passage vers la maturité, l'ère de la consommation de masse. La Chine est passée directement de société traditionnelle vers une société où il y consommation de masse, c'est le miracle chinois.

Deuxièmement, l'ouverture commerciale ou plus simplement le commerce a permis à la Chine d'atteindre sa situation actuelle. En effet, le commerce a influencé la croissance chinoise de deux façons. D'abord il contribue à l'augmentation des exportations donc le niveau de production. Il en découle un accroissement du PIB. Ensuite le commerce stimule les dynamiques de la croissance de long terme. En effet le commerce influence positivement le capital humain, le capital physique, le capital technologique et le capital public.

Troisièmement, les investissements étrangers attirés par la main d'œuvre chinois sont les premiers acteurs responsables de l'augmentation des ces exportations. Cependant cette situation a généré une dépendance technologique que la Chine essaye aujourd'hui de combler par des intenses dépenses en R&D.

Quatrièmement, la croissance chinoise est de long terme car est basée aujourd'hui par les stimulants de la croissance cumulative telle que le capital humain et le capital technologique. Cette croissance est aussi fonction de la demande mondiale.

CONCLUSION GENERALE

Ce mémoire avait pour objet d'analyser le rôle de l'ouverture commerciale sur la croissance d'un pays. Par une étude théorique, on a analysé la contribution du commerce international sur la croissance. Une étude empirique a été cependant nécessaire pour vérifier l'étude théorique. Enfin, on a pris l'exemple de la Chine pour l'appui de l'analyse.

Le commerce est déterminé soit par des avantages de coût, de taille, par rapport à une situation géographique favorable des pays, soit par l'histoire économique du pays, des effets d'agglomération, des différenciations des produits, des interdépendances stratégiques. De la théorie de la croissance exogène à la théorie endogène, il a été retenu dans l'analyse que les facteurs de croissance de long terme sont l'accumulation du capital physique, humain, technologique et public. Le commerce contribue positivement à l'accumulation de ces différentes formes de capital. Soit par l'importation (Grossman et Helmpan ; 1991) ou des investissements (Levine et Renelt ; 1992) ou encore à cause des courses au surprofit (Krugman ; 1995), le commerce influence positivement sur le capital physique. Pour le capital humain, c'est par l'intermédiaire des ISI et des ISE que le commerce le stimule. Quant au capital technologique, c'est en partie par les IDE et les activités de R&D permis par la course au surprofit que le commerce contribue à son essor. Enfin, le capital technologique est stimulé essentiellement par les IDE. Beaucoup d'auteur se sont mis a analysé le rôle du commerce sur la croissance. Par exemple Ben-David (1996) a montré que c'est seulement dans les économies ouvertes qu'on peut observer une convergence inconditionnelle. En effet, les pays avec des politiques d'ouvertures croissent à un rythme de 4,5% par année dans les années 70.

Grégorio et Lee (1998) en étudiant 69 PED ont conclut qu'une augmentation de 1% des IDE accroit le PIB par tête de 0,8%. Enfin Busson et Villa (1997) dans un panel de 57 pays développés confirment que l'ouverture favorise la croissance en cas de spécialisation intrabranche.

Au final, on peut retenir de l'analyse les deux grands enseignements suivants. Premièrement, le commerce influe positivement la croissance par l'augmentation du volume d'exportation et par la stimulation des facteurs source de la croissance. Le deuxième enseignement stipule qu'actuellement toutes les idées tendent à conclure que l'influence du commerce sur la croissance dépend de la capacité de chaque pays à profiter des avantages et des changements apportés par l'ouverture.

Dès son ouverture dans les années 70, les échanges de la Chine sont basés sur les produits intensifs en travail telle que les habillements, les textiles…. Le gouvernement chinois a su exploiter cette potentielle en invitant les IDE en Chine par des politiques favorables a leur implantation et par l'existence d'une main d'œuvre bon marché. Il en découle un important accroissement des IDE en Chine. Des politiques sélectives contraignent les IDE à investir dans les secteurs à haute technologie. Cette politique a profondément changé la structure du commerce chinois. Concernant l'exportation elle est passée du textile à l'électronique. L'importation est quant à elle divisée en deux : les importations pour les besoins intérieurs et les importations des composants électroniques. En effet, les IDE font des opérations d'assemblages en Chine à cause de la main d'œuvre profitable. Ils importent donc des composants en Chine, les assembles puis les exportent vers le monde. Les firmes chinoises profitent des technologies issues des transferts, permis par les IDE, et de sa main d'œuvre expliquant le monopole actuel des produits chinois sur tous les marchés du monde. Par l'intermédiaire de la politique sélective et des IDE, la Chine a su atteindre un taux de croissance qui croit de manière exponentiel. En effet, les IDE favorisent la croissance chinoise de deux manières. Ils accentuent le taux d'exportation chinoise. Il en découle une augmentation de la production ainsi du PIB. Ensuite, les IDE ont permis à la Chine de se rendre compte de son retard technologique et aussi d'accentué son capital public. Ainsi, en plus des transferts technologiques issus des IDE, la Chine actuellement investit massivement en R&D stimulant ainsi le capital technologique et le capital humain source même de croissance de long terme.

Néanmoins, la Chine est un géant aux pieds d'argile. Sa croissance peut être affaiblie par une rétention de la demande mondiale de ses produits. Générant ainsi la baisse de production. Une erreur politique de la part du gouvernement peut aussi porter atteinte à la croissance de la Chine. Par exemple une politique protectionniste peut diminuer les importations pour les produits destinés à l'assemblage ce qui induit une baisse des exportations. Il en découle qu'une économie fondée sur le commerce international doit pouvoir anticiper, absorber, et rendre à son avantage les situations induites par l'ouverture commercial.

BIBLIOGRAPHIE

- Abd-El-Rahman K., Lassudrie-Duchêne B., 1999, « Les fondements oligopolistiques des avantages comparatifs révélés », Revue d'Economie Politique, n°2, Mars-Avril.

- Balcet G., William-Hua W., Richet X., 2012; Geely: a trajectory of catching up and asset-seeking multinational growth, Int.J. Automotive Technology and Management, Vol. X.

- Barre R., 1965, « Les échanges internationaux comme dynamisme de la croissance », In: Revue économique. Volume 16, n°1,1965. pp. 105-126.

- Barro R.J., 1991, « Economic growth in a cross section of countries », Quarterly Journal of Economics, 106(2), mai, pp. 407-433.

- Barro R., Sala-i-Martin X., 1995, « Economic Growth », McGraw Hill, New-York.
- BBVA Research, 2011, "China's Outward FDIEexpands", Economic Watch, China.
- Becker G., 1964, Human capital: A theoretical and empirical analysis, with special reference to education, Columbia University Press, New York.
- Ben-David D., « Trade and Convergence among Countries », Journal of International Economics, vol. 40, 1996, pp. 279-298.
- Bergsten F., Bates G., Lardy N., Mitchell D., 2006, China: The Balance Sheet, PublicAffairs.
- Brander J. A., Krugman, P., 1983, « A Reciprocal Dumping Model of International Trade », Journal of International Economics, 15, pp. 313-321.
- Brander J., Spencer B., 1983, « International R & D Rivalry and Industrial

Strategy », Reviewof Economic Studies, vol. 50, pp. 707-722.

- Brisdall N., Ross D., Sabot R., 1995, "Inequality and Growth Reconsidered: Lessons from East Asia", The world Bank Economic Revew, Vol. 9, n°3.

- Bulletin économique Chine, 2012, « Actualisation du cataloque chinois sur les investissements étrangers », avril.

- Busson F., Villa P., 1994, « Croissance et spécialisation », CEPII, Document de travail, n° 94-12.

- Chamberlin E., 1933, The Theory of MonopolisticCompetition, Cambridge Mass., Harvard UniversityPress (traduction française : La théorie de la concurrence monopolistique, Paris, PUF ,1953).

www.ingramcontent.com/pod-product-compliance
Lightning Source LLC
Chambersburg PA
CBHW070546220526
45467CB00003B/1087